U0788798

周易繫辭上第七

韓康伯註

天尊地卑。乾坤定矣乾坤其易之門戶。先明天尊地卑。以定乾坤之體卑高以陳。貴賤位矣天尊地卑之義既列。則涉乎萬物。貴賤之位明矣動靜有常。剛柔斷矣剛動而柔止也。動止得其常體。則剛柔之分著矣○斷丁亂反方以類聚。物以羣分。吉凶生矣方有類。物有羣。則有同有異有聚有分也。順其所同則吉。乖其所趣則凶。故吉凶生矣在天成象。在地成形。變化見矣象況日月星辰。形況山川

周易繫辭上第七

韓康伯注

天尊地卑，乾坤定矣。乾坤其易之門戶，先明天尊地卑，以定乾坤之體。

卑高以陳，貴賤位矣。天尊地卑之義既列，則涉乎萬物貴賤之位明矣。

動靜有常，剛柔斷矣。剛動而柔止也。動止得其常體，則剛柔之分著矣。○斷，丁亂反。

方以類聚，物以羣分，吉凶生矣。方有類，物有羣，則有同有異，有聚有分也。順其所同則吉，乖其所趣則凶，故吉凶生矣。

在天成象，在地成形，變化見矣。象況日月星辰，形況山川

草木也。縣象運轉以成昏明。山澤通氣而雲行雨施。故變化見矣。○見賢遍反。是故
剛柔相摩相切摩也。言陰陽之交感也。○摩末何反。八卦相
盪也。言運化之推移。○盪音蕩。又唐黨反。鼓之以雷霆潤之以風
雨日月運行一寒一暑乾道成男坤道成女
乾知大始坤作成物乾以易知坤以簡能天地
之道。不為而善始。不勞而善成。故曰易簡。○大音泰。易以豉反。又音亦。易則易
知簡則易從易知則有親易從則有功順萬物之
情。故曰有親。通天下之志。故曰有功。有親則可久有功則可大

草木也。懸象運轉以成昏明。山澤通氣而雲行雨施。故變化見矣。○見賢遍反是故剛柔相摩相切摩也。言陰陽之交感也。○摩末何反八卦相盪相推盪也。言運化之推移。○盪音蕩。又唐黨反鼓之以雷霆。潤之以風雨。日月運行。一寒一暑。乾道成男。坤道成女。乾知大始。坤作成物。乾以易知。坤以簡能天地之道。不爲而善始。不勞而善成。故曰易簡。○大音泰易以鼓反。又音亦易則易知。簡則易從。易知則有親。易從則有功順萬物之情。故曰有親。通天下之志。故曰有功有親則可久。有功則可大有易簡之德。則能成可久可大之功可久則賢人之德可大則賢人之業天地易簡。萬物各載其形。聖人不爲。羣方各遂其業。德業既成則入於形器。故以賢人目其德業易簡而天下之理得矣天下之理莫不由於易簡。而各得順其分位也天下之理得而成位乎其中矣成位。況立象也。極易簡則能通天下之理。通天下之理。故能成象並乎天地。言其中則明並天地也

聖人設卦觀象此揔言也繫辭焉而明吉凶。剛柔相推而生變化繫辭所以明吉凶。剛柔相推所以明變化也。吉凶者存乎

有易簡之德則能成可久可大之功可久則賢人之德可大則賢人之業天地易簡萬物各載其形聖人不為群方各遂其業德業既成則入於形器故以賢人目其德業易簡而天下之理得矣天下之理莫不由於易簡而各得順其分位也天下之理得而成位乎其中矣成位況立象也極易簡則能通天下之理通天下之理故能成象並乎天地言其中則明並天地也

聖人設卦觀象此總言也繫辭焉而明吉凶剛柔相推而生變化繫辭所以明吉凶剛柔相推所以明變化也吉凶者存乎

人事也。變化有乎運行也者 是故吉凶者失得之象也 由有

失得。故吉凶生 悔吝者憂虞之象也 以失憂虞悔已。見

悔吝故曰生 變化者進退之象也 生進相推也。進退也 剛柔者

晝夜之象也 凶畫變則化陽而剛下夜則別則明陽柔之始也。吉凶書之象以言吉凶

重而類則各同則吉因凶辭之變化則變化亦明之道也。則道吉凶 六爻之 由剛柔之

動三極之道也 三極三材也兼三材之道故能見吉凶成變化也。○圓貫

又遍 是故君子所居而安者易之序也 卦。象以爻序

人事也。變化者存乎運行也

是故吉凶者失得之象也

由有失得。故吉凶生

悔吝者憂虞之象也

失得之微者。足以致憂虞而已。故曰悔吝

變化者進退之象也

往復相推。迭進退也

剛柔者晝夜之象也

晝則陽剛。夜則陰柔。始總言吉凶變化。而下別明悔吝晝夜者。悔吝則吉凶之類。晝夜亦變化之道。吉凶之類。則同因繫辭而明。變化之道。則俱由剛柔而著。故始總言之。下則明失得之輕重。辨變化之小大。故別序其義也。

六爻之動三極之道也

三極。三材也。兼三材之道。故能見吉凶成變化也。○見賢遍反

是故君子所居而安者易之序也

序。易象之次序

所樂而玩者爻之辭也是故君子居則觀其象而玩其辭動則觀其變而玩其占是以自天祐之吉无不利。樂音岳玩五亂反祐音又

彖者言乎象者也彖揔一卦之義也爻者言乎變者也爻各言其變也。爻音肴吉凶者言乎其失得也悔吝者言乎其小疵也无咎者善補過也是故列貴賤者存乎位爻之所處曰位六位有貴賤也。疵才斯反齊小大者存乎卦卦有小大也齊猶言辯也即彖者言乎象也辯吉凶

所樂而玩者爻之辭也。是故君子居則觀其
象而玩其辭，動則觀其變而玩其占。是以自
天祐之，吉无不利。○〔樂〕音岳〔玩〕五亂反〔祐〕音又
彖者言乎象者也。彖總一卦之義也。爻者言乎變者
也。爻各言其變也。○〔爻〕音肴吉凶者言乎其失得也。悔吝
者言乎其小疵也。无咎者善補過也。是故列
貴賤者存乎位。爻之所處曰位。六位有貴賤也。○〔齊〕才細反齊小
大者存乎卦。卦有小大也。齊猶言辯也。卽彖者言乎象也。辯吉凶

者存乎辭。辭。爻辭也。即爻者言乎變也。言象所以明小大。言變所以明吉凶。故小大之義存乎卦。吉凶之狀見乎爻。至於悔吝无咎。其例一也。吉凶悔吝。小疵无咎。皆生乎變。事有小大。故下歷言五者之差也。憂悔吝者存乎介。介。纖介也。王弼曰。憂悔吝之時。其介不可慢也。即悔吝者言乎小疵也。震无咎者存乎悔。无咎者善補過也。震動也。故動而无咎存乎悔過也。是故卦有小大。辭有險易。其道光明曰大。君子道消曰小。之泰則其辭易。之否則其辭險。辭也者。各指其所之。○(否)備鄙反。(易)以豉反。易與天地準。作易以準天地。故能彌綸天地之道。仰以觀於天者存乎辭辭，爻辭也。即爻者言乎變也。言象所以明小大。言變所以明吉凶。故小大之義存乎卦。吉凶之狀見乎爻。至於悔吝无咎。其例一也。吉凶悔吝。小疵无咎。皆生乎變。事有小大。故下歷言五者之差也。憂悔吝者存乎介介，纖介也。王弼曰：憂悔吝之時。其介不可慢也。即悔吝者言乎小疵也。震无咎者存乎悔无咎者。善補過也。震，動也。故動而无咎存乎悔過也。是故卦有小大，辭有險易其道光明曰大。君子道消曰小。之泰則其辭易。之否則其辭險。○易，以豉反。否，備鄙反。辭也者，各指其所之。易與天地準作易以準天地。故能彌綸天地之道。仰以觀於天文俯以察於地理是故知幽明之故原始反終故知死生之說（幽明者有形无形之象。死生者始終之數也）精氣爲物遊魂爲變（精氣烟熅聚而成物。聚極則散。遊魂爲變也。遊魂言其遊散也）是故知鬼神之情狀（盡聚散之理。則能知變化之道。无幽而不通也）與天地相似故不違（德合天地。故曰相似）知周乎萬物而道濟天下故不過（知周萬物。則能以道濟天下也。○知音智。道如字。鄭云當作導）旁行而不流（應變旁通而不流淫也。）樂天知命故不憂（順天之化。故曰樂也。○樂音洛）安土敦乎仁

文。俯以察於地理。是故知幽明之故。原始反

終。故知死生之說。幽明者。有形无形之象。死生者。始終之數也。

精氣為物。遊魂為變。精氣烟縕。聚而成物。聚極則散。遊魂為變也。遊

魂。言其遊散也。是故知鬼神之情狀。盡聚散之理。則能知變化之道

无幽而不通也。與天地相似。故不違。德合天地。故曰相似。知周

乎萬物而道濟天下。故不過。知周萬物。則能以道濟天下也。

○知音智。道音字。鄭云。當作導。旁行而不流。應變旁通而不流淫也。樂

天知命。故不憂。順天之化。故曰樂也。○樂音洛。安土敦乎仁。

故能愛安土敦仁者。萬物之情也。物順其情。則仁功贍矣。○〔贍〕時豔反範圍天地之化而不過範圍者擬範天地。而周備其理也。曲成萬物而不遺曲成者。乘變以應物。不係一方者也。則物宜得矣。通乎晝夜之道而知通幽明之故。則无不知也。○〔知〕如字。或音智故神无方而易无體自此以上。皆言神之所為也。方體者皆係乎形器者也。神則陰陽不測。易則唯變所適。不可以一方一體明。一陰一陽之謂道何。无之稱也。无不通也。无不由也。況之曰道。寂然无體。不可為象。必有之用極。而无之功顯。故至乎神无方而易无體。而道可見矣。故窮變以盡神。因神以明道。陰陽雖殊。无一以故能愛安土敦仁者萬物之情也物物順其情則仁功贍矣贍涉豔反範圍天地之化而不過範圍者擬範天地而周備其理也曲成萬物而不遺曲成者乘變以應物不係一方者也則物宜得矣通乎晝夜之道而知通幽明之故則无不知也知如字或音智故神无方而易无體自此以上皆言神之所爲也方體者皆係乎形器者也神則陰陽不測易則唯變所適不可以一方一體明一陰一陽之謂道道者何无之稱也无不通也无不由也况之曰道寂然无體不可爲象必有之用極而无之功顯故至乎神无方而易无體而道可見矣故窮變以盡神因神以明道陰陽雖殊无一以

待之。在陰爲无陰。陰以之生。在陽爲无陽。陽以之成。故曰一陰一陽也。○〔稱〕尺證反

繼之者善也。成之者性也。仁者見之謂之仁。知者見之謂之知

仁者資道以見其仁。知者資道以見其知。各盡其分。○〔知〕音智

百姓日用而不知。故君子之道鮮矣

君子體道以爲用也。仁知則滯於所見。百姓則日用而不知。體斯道者。不亦鮮矣。故常无欲以觀其妙。始可以語至而言極也。○〔鮮〕悉淺反

顯諸仁。藏諸用

衣被萬物。故曰顯諸仁。日用而不知。故曰藏諸用也。○〔衣〕於既反〔被〕皮寄反

鼓萬物而不與聖人同憂

萬物由之以化。

待之。在陰爲无陰。陰以之生。在陽爲无陽。陽以之成。故曰一陰一陽也。○【繼】[illegible]詣反[illegible]

之者善也。成之者性也。仁者見之謂之仁。知

者見之謂之知仁者資道以見其仁。知者資道以見其知。各盡其分。○【知】

音智百姓日用而不知。故君子之道鮮矣君子體道

以爲用也。仁知則滯於所見。百姓則日用而不知。體斯道者不亦鮮矣。故常无欲以觀其

妙。始可以語至而言極也。○【鮮】息淺反

顯諸仁。藏諸用衣被萬物。故曰顯諸仁。日用而不知。故曰藏諸用也。○【衣】

於既反皮寄反【鼓】鼓萬物而不與聖人同憂萬物由之以化。

故曰鼓萬物也。聖人雖體道以為用未能全无以為體故順通天下則有經營之迹也。盛德大業至矣哉。夫物之所以通。事之所以理。莫不由乎道也。聖人功用之母。體同乎道。盛德大業所以能至富有之謂大業廣大悉備。故曰富有日新之謂盛德體化合變。故曰日新生生之謂易陰陽轉易。以成化生成象之謂乾擬乾之象效法之謂坤效坤之法極數知來之謂占。通變之謂事物窮則變。變而通之。事之所由生也陰陽不測之謂神神也者。變化之極。妙萬物而為言。不可以形詰者也。故曰陰陽不測。嘗試論之曰。原夫兩儀之運。萬物之動。豈有使之然哉。莫不獨

故曰鼓萬物也。聖人雖體道以爲用。未能全无以爲體故順通天下。則有經營之迹也

盛德大業至矣哉夫物之所以通。事之所以理。莫不由乎道也。聖人功用之母。體同乎道。盛德大業。所以能至

富有之謂大業廣大悉備。故曰富有

日新之謂盛德體化合變。故曰日新

生生之謂易陰陽轉易。以成化生

成象之謂乾擬乾之象

效法之謂坤效坤之法

極數知來之謂占

通變之謂事物窮則變。變而通之。事之所由生也

陰陽不測之謂神神也者。變化之極。妙萬物而爲言。不可以形詰者也。故曰陰陽不測。嘗試論之曰。原夫兩儀之運。萬物之動。豈有使之然哉。莫不獨

化於大虛。欻爾而自造矣。造之非我。理自玄應。化之无主。數自冥運。故不知所以然。而況之神。是以明兩儀以太極爲始。言變化而稱極乎神也。夫唯知天之所爲者。窮理體化。坐忘遺照。至虛而善應。則以道爲稱。不思而玄覽。則以神爲名。蓋資道而同乎道。由神而冥於神也。欻況勿反

夫易廣矣大矣。以言乎遠則不禦窮幽極深。无所止也。禦魚呂反

以言乎邇則靜而正則近而當

以言乎天地之間則備矣。夫乾其靜也專。其動也直。是以大生焉專專一也。直剛正也。

夫坤其靜也翕。其動也闢。是以廣生焉翕斂也。止則翕斂其氣。動則闢開以

化於大虛。欻爾而自造矣。造之非我。理自玄應。化之无主。數自冥運。故不知所以然而況之神。是以明兩儀以太極為始。言變化而稱極乎神也。夫唯知天之所為者。窮理體化。坐忘遺照。至虛而善應。則以道為稱。不思而玄覽。則以神為名。蓋資道而同乎道。由神而冥於神也。〇【歘】況勿反。

夫易廣矣大矣。以言乎遠則不禦。窮幽極深。无所止也。〇【禦】魚呂反。以言乎邇則靜而正。則近而當。以言乎天地之閒則備矣。夫乾其靜也專。其動也直。是以大生焉。專。專一也。直。剛正也。夫坤其靜也翕。其動也闢。是以廣生焉。翕。斂也。止則翕斂其氣。動則闢開以生物也。乾統天首物。為變化之元。通乎形外者也。坤則順以承陽。功盡於已。用止乎形者也。故乾以專直言乎其材。坤以翕闢言乎其形。○翕虛級反。闢婢亦反。廣大配天地。變通配四時。陰陽之義配日月。易簡之善配至德。易之所載配此四義。子曰。易其至矣乎。夫易。聖人所以崇德而廣業也。窮理入神其德崇也。兼濟萬物其業廣也。知崇禮卑。知以崇為貴。禮以卑為用。○知音智。崇效天。卑法地。極知之崇。象天高而統物。備禮之用。象地廣而載物也。天地設位而易行乎其中矣。天地者易之門戶。而易之為義。兼周萬物。故曰行乎其中生物也。乾。統天首物。爲變化之元。通乎形外者也。坤則順以承陽。功盡於已。用止乎形者也。故乾以專直言乎其材。坤以翕闢言乎其形。○翕虛級反闢婢亦反廣大配天地。變通配四時。陰陽之義配日月。易簡之善配至德。易之所載。配此四義。子曰。易其至矣乎。夫易。聖人所以崇德而廣業也。窮理入神。其德崇也。兼濟萬物。其業廣也。知崇禮卑知以崇爲貴。禮以卑爲用。○知音智崇效天。卑法地。極知之崇。象天高而統物。備禮之用。象地廣而載物也。天地設位而易行乎其中矣。天地者易之門戶。而易之爲義。兼周萬物。故曰行乎其中

矣成性存存。道義之門物之存成。由乎道義也

聖人有以見天下之賾而擬諸其形容象其物宜乾剛坤柔。各有其體。故曰擬諸形容。(賾)仕責反是故謂之象

聖人有以見天下之動。而觀其會通。以行其典禮典禮。適時之所用繫辭焉以斷其吉凶。是故謂之爻。言天下之至賾而不可惡也。言天下之至動而不可亂也易之爲書。不可遠也。惡之則逆於順。錯之則乖於理。(斷)丁亂反(惡)也。音亞。又烏路反。鄭烏洛反(遠)袁萬反(惡)烏路反(錯)七各反擬之

矣。成性存存，道義之門。言之存焉。由乎道義出。

聖人有以見天下之賾，而擬諸其形容，象其物宜，乾剛坤柔。各有其體。故曰擬諸形容。○賾仕責反是故謂之象。聖人有以見天下之動，而觀其會通，以行其典禮，典禮適時之所用繫辭焉以斷其吉凶，是故謂之爻。言天下之至賾而不可惡也，言天下之至動而不可亂也。易之為書不可遠也。惡之則逆於順。錯之則乖於理。○亂丁亂反○惡乃。音亞。又烏路反。鄭烏洛反○賾來葛反○惡烏路反○錯七各反擬之

而後言。議之而後動。擬議以成其變化。擬議以動則盡變化之道

鳴鶴在陰。其子和之。我有好爵。吾與爾靡之。鶴鳴則子和。修誠則物應。我有好爵。與物散之。物亦以善應也。明擬議之道。繼以斯義者。誠以吉凶失得存乎所動。同乎道者。道亦得之。同乎失者。失亦違之。莫不以同相順。以類相應。動之斯來。緩之斯至。鶴鳴于陰。氣同則和。出言戶庭。千里或應。出言猶然。況其大者乎。千里或應。況其邇者乎。故夫憂悔吝者存乎纖介。定失得者慎於樞機。是以君子擬議以動。慎其微也。〔和〕胡臥反〔靡〕亡池反。又亡彼反。○

子曰。君子

居其室出其言善則千里之外應之況其邇

而後言，議之而後動，擬議以成其變化。擬議以動，則盡變化之道。鳴鶴在陰，其子和之。我有好爵，吾與爾靡之。鶴鳴則子和，脩誠則物應，我有好爵，與物散之，物亦以善應也。明擬議之道，繼以斯義者，誠以吉凶失得存乎所動，同乎道者，道亦得之，同乎失者，失亦違之，莫不以同相順，以類相應，動之斯來，綏之斯至。鶴鳴于陰，氣同則和，出言戶庭，千里或應，出言猶然，況其大者乎？千里或應，況其邇者乎？故夫憂悔吝者存乎纖介，定失得者慎於樞機，是以君子擬議以動，慎其微也。○和，胡臥反。靡，亡池反，又亡彼反。子曰：君子居其室，出其言善，則千里之外應之，況其邇者乎。居其室出其言不善則千里之外違之。況其邇者乎。言出乎身加乎民。行發乎邇見乎遠。言行。君子之樞機。樞機。制動之主。○行下孟反見賢遍反樞機之發。榮辱之主也。言行君子之所以動天地也。可不慎乎。同人先號咷而後笑。子曰。君子之道。或出或處。或默或語。二人同心。其利斷金同人終獲後笑者。以有同心之應也。夫所況同者。豈係乎一方哉。君子出處默語。不違其中。則其跡雖異。道同則應。○號戶羔反咷道羔反默亡北反斷丁亂反。又君子居其室。出其言不善。則千里之外違之。

況其邇者乎。言出乎身。加乎民。行發乎邇。見

乎遠。言行君子之樞機。樞機。制動之主。行下孟反 見賢遍反

樞機之發。榮辱之主也。言行君子之所以動

天地也。可不慎乎。同人先號咷而後笑。子曰。

君子之道。或出或處。或默或語。二人同心。其

利斷金。同人終獲後笑者。以有同心之應也。夫所況同者。豈係乎一方哉。君子出

處默語。不違其中。則其跡雖異。道同則應。處尺[illegible]反 出[illegible]反 默亡北反 斷丁亂反。文

反丁音同心之言其臭如蘭
初六藉用白茅无咎子曰苟錯諸地而可矣
藉之用茅何咎之有慎之至也夫茅之為物
薄而用可重也慎斯術也以往其无所失矣
勞謙君子有終吉子曰勞而不伐有功而不
德厚之至也語以其功下人者也德言盛禮
言恭謙也者致恭以存其位者也亢龍有悔
子曰貴而无位高而无民賢人在下位而无

丁管反同心之言其臭如蘭

初六藉用白茅无咎子曰苟錯諸地而可矣藉之用茅何咎之有愼之至也夫茅之爲物薄而用可重也愼斯術也以往其无所失矣

勞謙君子有終吉子曰勞而不伐有功而不德厚之至也語以其功下人者也德言盛禮言恭謙也者致恭以存其位者也

亢龍有悔子曰貴而无位高而无民賢人在下位而无

輔。是以動而有悔也。不出戶庭，无咎。子曰：亂之所生也，則言語以爲階。君不密則失臣，臣不密則失身，幾事不密則害成。是以君子慎密而不出也。子曰：作易者其知盜乎？言盜亦乘釁而至也。○藉，在夜反。茅，卯交反。錯，七故反。慎，時震反。易曰：負且乘，致寇至。負也者，小人之事也。乘也者，君子之器也。小人而乘君子之器，盜思奪之矣。上慢下暴，盜思伐之矣。慢藏誨盜，冶容誨淫。易曰：負且輔。是以動而有悔也。不出戶庭，无咎。子曰：亂之所生也，則言語以爲階。君不密則失臣，臣不密則失身，幾事不密則害成。是以君子慎密而不出也。子曰：作易者其知盜乎？言盜亦乘[illegible]易曰：負且乘，致寇至。負也者，小人之事也；乘也者，君子之器也。小人而乘君子之器，盜思奪之矣。上慢下暴，盜思伐之矣。慢藏誨盜，冶容誨淫。易曰：負且乘致寇至，盜之招也。○(乘)[illegible]如字。一[illegible]反。(藏)才浪反。(冶)音也。

大衍之數五十。其用四十有九。王弼曰。演天地之數。所賴用者五十也。其用四十有九。則其一不用也。不用而用以之通。非數而數以之成。斯易之太極也。四十有九。數之極也。夫无不可以无明。必因於有。故常(於)有物之極。而必明其所由之宗也。○(衍)延善反。演也。

分而爲二以象兩。掛一以象三。揲之以四以象四時。歸奇於扐以象閏。五歲再閏。故再扐而後掛。奇況四揲之餘。不足復揲者也。分而爲二。既揲之餘。合掛於一。故曰再扐而後掛。凡閏。十九年七閏爲一章。五歲再閏者二。故略舉其乘致寇至盜之招也。乘也者如字，一繩證反。藏才浪反。冶音也。

大衍之數五十。其用四十有九王弼曰。演天地之數。所賴者五十也。其用四十有九。則其一不用也。不用而用以之通。非數而數以之成。斯易之太極也。四十有九。數之極也。夫无不可以无明。必因於有。故常於有物之極。而必明其所由之宗也。衍延善反。演也。分而爲二以象兩。掛一以象三。揲之以四以象四時。歸奇於扐以象閏。五歲再閏。故再扐而後掛奇況四揲之餘。不足復揲者也。分而爲二。既揲之餘。合掛於一。故曰再扐而後掛。凡閏者十九年七閏爲一章。五歲再閏者二。故略舉其凡也。掛卦買反。王音卦。揲時設反。奇紀宜反。扐郎得反。天數五五奇也地數五五耦也五位相得而各有合天地之數各五。五數相配。以合成金木水火土。天數二十有五五奇合爲二十五地數三十五耦合爲三十凡天地之數五十有五此所以成變化而行鬼神也變化以此成。鬼神以此行乾之策二百一十有六陽爻六。一爻三十六策。六爻二百一十六策坤之策百四十有四陰爻六。一爻二十四策。六爻百四十四策凡三百有六十。當期之日。二篇之策萬有一千五百二十。

[illegible]天數五[illegible]地數五[illegible]五位相得而各有合[illegible]天數二十有五[illegible]地數三十[illegible]凡天地之數五十有五。此所以成變化而行鬼神也。變化以此成，鬼神以此行。乾之策二百一十有六。陽爻六，一爻三十六策，六爻二百一十六策。坤之策百四十有四。陰爻六，一爻二十四策，六爻百四十四策。凡三百有六十。當期之日。二篇之策。萬有一千五百二十。

當萬物之數也二篇三百八十四爻。陰陽各半。合萬一千五百二十策。〔期〕音基是故四營而成易分而為二以象兩。一營也。掛一以象三。二營也。揲之以四。三營也。歸奇於扐。四營也。十有八變而成卦八卦而小成引而伸之伸之六十四卦觸類而長之天下之能事畢矣顯道顯。明也。〔長〕丁丈反神德行[illegible]是故可與酬酢可與祐神矣[illegible]子曰知變化之道者其知神之所為乎[illegible]

當萬物之數也二篇三百八十四爻。陰陽各半。合萬一千五百二十策。

朙音基是故四營而成易分而爲二以象兩。一營也。掛一以象三。二營也。揲之以四。三營也。歸奇於扐。四營也。十有八變而成卦。八卦而小成。引而伸之伸之六十四卦觸類而長之。天下之能事畢矣。顯道顯。明也。長丁丈反神德行由神以成其用行下孟反是故可與酬酢。可與祐神矣可以應對萬物之求。助成神化之功也。酬酢猶應對也。酬市由反。又音疇。酢在洛反。祐音又

子曰。知變化之道者。其知神之所爲乎夫變化之

道不爲而自然故知變化者則知神之所爲

易有聖人之道四焉以言者尚其辭以動者尚其變以制器者尚其象以卜筮者尚其占

此四者存乎器象可得而用也

是以君子將有爲也將有行也問焉而以言其受命也如嚮无有遠近幽深遂知來物非天下之至精其孰能與於此參伍以變錯綜其數通其變遂成天地之文極其數遂定天下之象非天下之至變其孰能與於此易无思也

无為也寂然不動感而遂通天下之故非天
下之至神其孰能與於此夫非忘象者則无以制象。非遺數者
无以極數。至精者无籌策而不可亂。至變者體一而无不周。至神者寂然而无不應。斯蓋
功用之母象數所由立。故曰非至精至變至神則不得與於斯也。○與音預。參七南反。錯
七各反。綜子宋反。夫易聖人之所以極深而研幾也
唯深也故能通天下之志唯幾也故能成天
下之務極未形之理則曰深適動微之會則曰幾。○幾本作機。唯神
也故不疾而速不行而至子曰易有聖人之

无爲也寂然不動感而遂通天下之故非天下之至神其孰能與於此夫非忘象者則无以制象非遺數者无以極數至精者无籌策而不可亂至變者體一而无不周至神者寂然而无不應斯蓋功用之母象數所由立故曰非至精至變至神則不得與於斯也。與音預參七南反錯七各反綜宗統反夫易聖人之所以極深而研幾也唯深也故能通天下之志唯幾也故能成天下之務極未形之理則曰深適動微之會則曰幾。幾本作機幾微也唯神也故不疾而速不行而至子曰易有聖人之

道四焉者此之謂也四者由聖道以成故曰聖人之道
天一地二天三地四天五地六天七地八天
九地十易以極數通神明之德故明易之道先舉天地之數也子曰夫
易何爲者也夫易開物成務冒天下之道如
斯而已者也冒覆也言易通萬物之志成天下之務其道可以覆冒天下也
○冒莫報反覆去聲是故聖人以通天下之志以定天
下之業以斷天下之疑是故蓍之德圓而神
卦之德方以知圓者運而不窮方者止而有分言蓍以圓象神卦以方象

道四焉者此之謂也四者由聖道以安故曰聖人之道
天一地二天三地四天五地六天七地八天
九地十易以極數通神明之德故明易之道先舉天地之數也子曰夫
易何爲者也夫易開物成務冒天下之道如
斯而已者也冒覆也言易通萬物之志成天下之務其道可以覆冒天下也
○冒莫報反覆去聲是故聖人以通天下之志以定天
下之業以斷天下之疑是故蓍之德圓而神
卦之德方以知圓者運而不窮方者止而有分言蓍以圓象神卦以方象

智也。唯變所適无數不周故曰圓。卦列爻分各有其體故曰方也。○斷丁亂反。蓍音尸。知音智。分扶問反。

六爻之義易以貢 貢。告也。六爻變易以告吉凶。○易以豉反。辯音亦

聖人以此洗心 洗濯萬物之心。○洗悉殄反。又悉禮反。

退藏於密 言其道深微。萬物日用而不能知其原。故曰退藏於密。猶藏諸用也。

吉凶與民同患 表吉凶之象。以同民所憂患之事。故曰吉凶與民同患也。

神以知來。知以藏往。明蓍卦之用。同神知也。蓍定數於始。於卦為來。卦成象於終。於蓍為往。往來之用相成。猶神知也。

其孰能與於此哉。

古之聰明叡知神武而不殺者夫 服萬物而不以威刑

知也。唯變所適。无數不周。故曰圓。卦列爻分。各有其體。故曰方也。○斷丁亂反。蓍音尸。知音智。分扶問反。

六爻之義易以貢 貢。告也。六爻變易以告吉凶。○易以豉反。韓音亦。

聖人以此洗心 洗濯萬物之心。○洗悉殄反。又悉禮反。

退藏於密 言其道深微。萬物日用而不能知其原。故曰退藏於密。猶藏諸用也。

吉凶與民同患 表吉凶之象。以同民所憂患之事。故曰吉凶與民同患也。

神以知來。知以藏往。 明蓍卦之用同神知也。蓍定數於始。於卦爲來。卦成象於終。於蓍爲往。往來之用相成。猶神知也。

其孰能與於此哉。

古之聰明叡知。神武而不殺者夫 服萬物而不以威刑

也。與音預。殺，所戒反，又所例反，或如字。夫音符。是以明於天之道，
而察於民之故，是興神物以前民用。定吉凶於始也。
聖人以此齊戒，洗心曰齊，防患曰戒。齊，側皆反。以神明其
德夫。是故闔戶謂之坤，坤道包物。闔，胡臘反。闢戶謂
之乾，乾道施生。闢，婢亦反。一闔一闢謂之變，往來不
窮謂之通，見乃謂之象，兆見曰象。見，賢遍反。形乃謂
之器，成形曰器。制而用之謂之法，利用出入，民咸
用之謂之神。

也。與音預殺所戒反。又所例反。殺如字夫音扶是以明於天之道

而察於民之故是興神物以前民用定吉凶於始也

聖人以此齊戒洗心曰齊防患曰戒。齊側皆反以神明其

德夫。是故闔戶謂之坤坤道包物闔胡臘反。闢戶謂

之乾乾道施生闢婢亦反。一闔一闢謂之變往來不

窮謂之通。見乃謂之象兆見曰象見賢遍反。形乃謂

之器成形曰器制而用之謂之法。利用出入民咸

用之謂之神

是故。易有大極。是生兩儀夫有必始於无。故大極生兩儀也。大極者无稱之稱。不可得而名。取其有之所極。況之大極者也。大音泰。稱尺證反兩儀生四象。四象生八卦卦以象之八卦定吉凶八卦既立。則吉凶可定吉凶生大業既定吉凶。則廣大悉備是故法象莫大乎天地。變通莫大乎四時。縣象著明莫大乎日月。崇高莫大乎富貴位所以一天下之動。而濟萬物。[illegible]音文備物致用。立成器以為天下利莫大乎聖人。探賾索隱。鉤深致遠。以定天下之吉

是故易有大極。是生兩儀夫有必始於无。故大極生兩儀也。大
極者无稱之稱。不可得而名。取其有之所極。況之大極者也。大音泰稱尺證反兩
儀生四象。四象生八卦卦以象之八卦定吉凶八卦
既立。則吉凶可定吉凶生大業既定吉凶。則廣大悉備是故法
象莫大乎天地。變通莫大乎四時。縣象著明
莫大乎日月。崇高莫大乎富貴位所以一天下之動。而濟
萬物。縣音玄備物致用。立成器以爲天下利。莫大
乎聖人。探賾索隱。鉤深致遠。以定天下之吉

凶，成天下之亹亹者，莫大乎蓍龜。是故天生神物，聖人則之。天地變化，聖人效之。天垂象，見吉凶，聖人象之。河出圖，洛出書，聖人則之。易有四象，所以示也。繫辭焉，所以告也。定之以吉凶，所以斷也。易曰：自天祐之，吉无不利。子曰：祐者，助也。天之所助者，順也。人之所助者，信也。履信思乎順，又以尚賢也。是以自天祐之，吉无不利也。

（探）吐南反（賾）色白反（亹）亡偉反（見）賢遍反

凶成天下之亹亹者莫大乎蓍龜。是故天生
神物。聖人則之。天地變化。聖人效之。天垂象
見吉凶。聖人象之。河出圖洛出書。聖人則之
易有四象所以示也。繫辭焉所以告也。定之以
吉凶所以斷也。易曰。自天祐之。吉无不利。
子曰。祐者助也。天之所助者順也。人之所助
者信也。履信思乎順。又以尚賢也。是以自天
祐之吉无不利也。○[尚]市亮反[賢]合白反 [履]力章反[見]賢遍反

子曰書不盡言言不盡意然則聖人之意其不可見乎子曰聖人立象以盡意設卦以盡情偽繫辭焉以盡其言變而通之以盡利變極通以數則盡利也故曰易窮則變變則通通則久鼓之舞之以盡神乾坤其易之縕邪縕淵奧也。縕紆粉反又於問反乾坤成列而易立乎其中矣乾坤毀則无以見易易不可見則乾坤或幾乎息矣是故形而上者謂之道形而下者謂之器化而裁之謂之變子曰。書不盡言。言不盡意。然則聖人之意其不可見乎。子曰。聖人立象以盡意。設卦以盡情僞。繫辭焉以盡其言。變而通之以盡利極變通之數則盡利也。故曰易窮則變。變則通。通則久鼓之舞之以盡神。乾坤其易之緼邪緼。淵奥也。○緼紆粉反。又於憤反乾坤成列。而易立乎其中矣。乾坤毁。則无以見易。易不可見。則乾坤或幾乎息矣。是故形而上者謂之道。形而下者謂之器。化而裁之謂之變

因而制其會通適變之道也○上時掌反推而行之謂之通乘變而往
者无不通也舉而錯之天下之民謂之事業事業所以
濟物故舉而錯之於民○錯七故反是故夫象聖人有以見天
下之賾而擬諸其形容象其物宜是故謂之
象聖人有以見天下之動而觀其會通以行
其典禮繫辭焉以斷其吉凶是故謂之爻極
天下之賾者存乎卦鼓天下之動者存乎辭
辭爻辭也爻以鼓動效天下之動也化而裁之存乎變推而行

因而制其會通適變之道也。○上時掌反推而行之謂之通乘變而往者。无不通也。舉而錯之天下之民謂之事業事業所以濟物。故舉而錯之於民。○錯七故反是故夫象。聖人有以見天下之賾。而擬諸其形容。象其物宜。是故謂之象。聖人有以見天下之動。而觀其會通。以行其典禮。繫辭焉以斷其吉凶。是故謂之爻。極天下之賾者存乎卦。鼓天下之動者存乎辭辭。爻辭也。爻以效動。故天下之動也化而裁之存乎變推而行

之存乎通。神而明之，存乎其人。體神而明之，不假於象，故存乎其人。○裁音才默而成之，不言而信，存乎德行。德行，賢人之德行也。順足於內，故默而成之也。體與理會，故不言而信也。○行下孟反

周易卷第七

相臺岳氏刻梓荊谿家塾

周易繫辭下第八

韓康伯註

八卦成列。象在其中矣。備天下之象也因而重之。爻在其中矣夫八卦備天下之理而未極其變。故因而重之以象其動用。擬諸形容以明治亂之宜。觀其所應以著適時之功。則爻卦之義。所存各異。故爻在其中矣。〇重直龍反剛柔相推。變在其中矣。繫辭焉而命之。動在其中矣剛柔相推。況八卦相盪或否或泰。繫辭焉而斷其吉凶。況之六爻動以適時者也。立卦之義則見於彖象。適時之功則存之爻辭。王氏之例詳矣吉

周易繫辭下第八

韓康伯注

八卦成列，象在其中矣。備天下之象也。因而重之，爻在其中矣。夫八卦備天下之理而未極其變。故因而重之以象其動用擬諸其形容以明治亂之宜。觀其所應以著適時之功。則爻卦之義。所存各異。故爻在其中矣。○重直龍反

剛柔相推，變在其中矣。繫辭焉而命之，動在其中矣。剛柔相推。況八卦相盪。或否或泰。繫辭焉而斷其吉凶。況之六爻動以適時者也。立卦之義則見於彖象。適時之功則存乎爻辭。王氏之例詳矣。

吉

凶悔吝者生乎動者也有變動而後有吉凶剛柔者立本者也變通者趣時者也立本況卦。趣時況爻。○趣七趨反吉凶者貞勝者也貞者。正也。一也。夫有動則未免乎累。殉吉則未離乎凶。盡會通之變而不累於吉凶者。其唯貞者乎。老子曰。王侯得一以為天下貞。萬變雖殊。可以執一御也天地之道貞觀者也明夫天地萬物。莫不保其貞以全其用也。○官換反。又音官觀日月之道貞明者也天下之動貞夫一者也夫乾確然示人易矣夫坤隤然示人簡矣確剛貌也。隤柔貌也。乾坤皆恒一其德由以成。故簡易也。○

凶悔吝者生乎動者也有變動而後有吉凶剛柔者立本者也立本況卦。趣時況爻。○趣七樹反，變通者趣時者也

吉凶者貞勝者也貞者正也。一也。夫有動則未免乎累。殉吉則未離乎凶。盡會通之變而不累。於吉凶者。其唯貞者乎。老子曰。王侯得一以爲天下貞。萬變雖殊。可以執一御也天地之道貞觀者也明夫天地萬物莫不保其貞以全其用也。○觀官煥反，又音官日月之道貞明者也天下之動貞夫一者也夫乾確然示人易矣夫坤隤然示人簡矣確。剛貌也。隤。柔貌也。乾坤皆恒一其德。物由以成。故簡易也。○

（夫音符。確苦角反。易以豉反。隤大回反）爻也者效此者也。象也者像此者也。爻象動乎內（兆數見於卦也）吉凶見乎外（失得驗於事也）功業見乎變（功業由變以興，故見乎變也）聖人之情見乎辭（辭也者，各指其所之，故曰情也）天地之大德曰生（施生而不為，故能常生，故曰大德也）聖人之大寶曰位（夫无用則无所寶，有用則有所寶也。无用而常足者，莫妙乎道。有用而弘道者，莫大乎位。故曰聖人之大寶曰位）何以守位曰仁，何以聚人曰財（財所以資物生也）理財正辭禁民為非曰義。（禁音金。又金鴆反）

夫音符。確苦角反。易以豉反。隤大回反。爻也者效此者也。象也者像此者也。爻象動乎內，兆數見於卦也。吉凶見乎外，失得之事也。功業見乎變，功業由變以興，故見乎變也。聖人之情見乎辭。辭也者，各指其所之，故曰情也。天地之大德曰生。施生而不為，故能常生，故曰大德也。聖人之大寶曰位。夫无用則无所寶，有用則有所寶也。无用而常足者，莫妙乎道；有用而弘道者，莫大乎位。故曰聖人之大寶曰位。何以守位曰仁。何以聚人曰財。財所以資物生也。理財正辭禁民為非曰義。禁音金。又[illegible][illegible]反古者包犧氏之王天下也。仰則觀象於天，俯則觀法於地。觀鳥獸之文，與地之宜。聖人之作易，无大不極，无微不究。大則取象天地，細則觀鳥獸之文，與地之宜也。○包，又作庖，白交反。王，于況反。近取諸身，遠取諸物。於是始作八卦，以通神明之德，以類萬物之情。作結繩而爲罔罟，以佃以漁，蓋取諸離。離，麗也。罔罟之用，必審物之所麗也。魚麗于水，獸麗于山也。○罟音古。佃音田。包犧氏沒，神農氏作，斲木爲耜，揉木爲耒，耒耨之利，以教天下，蓋取諸古者包犧氏之王天下也。仰則觀象於天。俯則觀法於地。觀鳥獸之文。與地之宜。聖人之作易无大不極。无微不究。大則取象天地。細則觀鳥獸之文。與地之宜也。○包又作庖。白交反。王于況反近取諸身。遠取諸物。於是始作八卦。以通神明之德。以類萬物之情。作結繩而為罔罟。以佃以漁。蓋取諸離。離麗也。罔罟之用。必審物之所麗也。魚麗於水。獸麗于山也。○罟音古。佃音田包犧氏沒。神農氏作。斲木為耜。揉木為耒。耒耨之利。以教天下。蓋取諸益制器致豐以益萬物。〔斵〕陟角反〔耜〕音似〔耒〕力對反〔耨〕奴豆反日中爲市致天下之民。聚天下之貨。交易而退。各得其所。蓋取諸噬嗑噬嗑。合也。市人之所聚異方之所合。設法以合物。噬嗑之義也。〔市〕時止反〔噬〕市制反〔嗑〕胡臘反神農氏沒。黃帝堯舜氏作。通其變。使民不倦通物之變。故樂其器用不懈倦也神而化之。使民宜之。易窮則變。變則通。通則久通變則无窮。故可久是以自天祐之。吉无不利。黃帝堯舜垂衣裳而天下治。蓋取諸乾坤垂衣裳以辨貴賤。乾尊坤益。制器致豐以益萬物。○斲陟角反。耜音似。耒力對反。耨奴豆反。日中為市，致天下之民，聚天下之貨，交易而退，各得其所，蓋取諸噬嗑。噬嗑，合也。市，人之所聚，異方之所合，設法以合物，噬嗑之義也。○市時止反。噬市制反。嗑胡臘反。神農氏沒，黃帝堯舜氏作，通其變，使民不倦，通物之變，故樂其器用，不解倦也。神而化之，使民宜之。易窮則變，變則通，通則久。通變則无窮，故可久。是以自天祐之，吉无不利。黃帝堯舜垂衣裳而天下治，蓋取諸乾坤。垂衣裳以辨貴賤。乾尊坤卑之義也。○刳音又刳木為舟剡木為楫舟楫之利以濟不通致遠以利天下蓋取諸渙渙者乘理以散動也○刳口孤反。又口侯反。剡以冉反。楫將葉反。又音集服牛乘馬引重致遠以利天下蓋取諸隨隨宜也服牛乘馬隨物所之各得其宜也重門擊柝以待暴客蓋取諸豫取其備豫。○重直龍反。暴白報反。柝他洛反斷木為杵掘地為臼臼杵之利萬民以濟蓋取諸小過以小用而濟物也。○斷丁緩反。又徒緩反。杵昌呂反。掘其月反弦木為弧剡木為矢弧矢之利以卑之義也○(祐)音又 刳木爲舟剡木爲楫舟楫之利以濟不通致遠以利天下蓋取諸渙 渙者乘理以散動也○(刳)口孤反又口溝反(剡)以舟反(楫)將輒反徐音集 服牛乘馬引重致遠以利天下蓋取諸隨 隨隨宜也服牛乘馬隨物所之各得其宜也 重門擊柝以待暴客蓋取諸豫 取其備豫○(重)直龍反(柝)他洛反(暴)白報反 斷木爲杵掘地爲臼臼杵之利萬民以濟蓋取諸小過 以小用而濟物也○(斷)丁緩反又徒緩反(杵)昌呂反(掘)其月反 弦木爲弧剡木爲矢弧矢之利以

威天下。蓋取諸睽睽。乖也。物乖則爭興。弧矢之用。所以威乖爭也。○弧音胡。剡以冉反。睽苦圭反上古穴居而野處。後世聖人易之以宮室。上棟下宇。以待風雨。蓋取諸大壯宮室壯大於穴居。故制爲宮室。取諸大壯也古之葬者。厚衣之以薪。葬之中野。不封不樹。喪期无數。後世聖人易之以棺椁。蓋取諸大過取其過厚。○衣於既反。數色具反上古結繩而治。後世聖人易之以書契。百官以治。萬民以察。蓋取諸夬夬。決也。書契所以決斷萬事也是威天下，蓋取諸睽。睽，乖也。乖則爭興，弧矢之用，所以威乖爭也。弧，音胡。剡，以冉反。睽，苦圭反。

上古穴居而野處，後世聖人易之以宮室，上棟下宇，以待風雨，蓋取諸大壯。宮室壯大於穴居，故制爲宮室，取諸大壯也。

古之葬者，厚衣之以薪，葬之中野，不封不樹，喪期无數，後世聖人易之以棺槨，蓋取諸大過。取其過厚。槨，古博反。過，古臥反。

上古結繩而治，後世聖人易之以書契，百官以治，萬民以察，蓋取諸夬。夬，決也。書契所以決斷萬事也。是故易者象也。象也者像也。彖者材也。材。才德也。彖言成卦之材。以統卦義也。爻也者效天下之動者也。是故吉凶生而悔吝著也。陽卦多陰。陰卦多陽。其故何也。陽卦奇。陰卦耦。夫少者多之所宗。一者衆之所歸。陽卦二陰。故奇為之君。陰卦二陽。故耦為之主。○奇紀宜反。其德行何也。辨陰陽二卦之德行也。○行下孟反。陽一君而二民。君子之道也。陰二君而一民。小人之道也。陽。君道也。陰。臣道也。君以无為統衆。无為則一也。臣以有事代終。有事則二也。故陽爻畫奇。以明君道必一。陰爻畫兩。以明臣故易者象也象也者像也彖者材也材才德也彖言成卦之材以統卦義也爻也者效天下之動者也是故吉凶生而悔吝著也陽卦多陰陰卦多陽其故何也陽卦奇陰卦耦夫少者多之所宗一者衆之所歸陽卦二陰故奇爲之君陰卦一陽故耦爲之主。奇紀宜反其德行何也辨陰陽二卦之德行也。行下孟反陽一君而二民君子之道也陰二君而一民小人之道也陽君道也陰臣道也君以无爲統衆无爲則一也臣以有事代終有事則二也故陽爻畫奇以明君道必一陰爻畫兩以明臣體必二。斯則陰陽之數。君臣之辨也。以一爲君。君之德也。二居君位。非其道也。故陽卦曰君子之道。陰卦曰小人之道也。易曰。憧憧往來。朋從爾思。天下之動。必歸乎一。思以求朋。未能一也。一以感物。不思而至。憧昌容反子曰。天下何思何慮。天下同歸而殊塗。一致而百慮。天下何思何慮。夫少則得。多則惑。塗雖殊。其歸則同。慮雖百。其致不二。苟識其要。不在博求。一以貫之。不慮而盡矣日往則月來。月往則日來。日月相推而明生焉。寒往則暑來。暑往則寒來。寒暑相推而歲成焉。往者屈也。來者信體必二。斯則陰陽之數。君臣之辨也。以一爲君。君之德也。二居君位。非其道也。故陽卦曰君子之道。陰卦曰小人之道也。
易曰。憧憧往來。朋從爾思。天下之動。必歸乎一。思以求朋。未能一也。一以感物。不思而至。憧昌容反。
子曰。天下何思何慮。天下同歸而殊塗。一致而百慮。天下何思何慮。夫少則得。多則惑。塗雖殊。其歸則同。慮雖百。其致不二。苟識其要。不在博求。一以貫之。不慮而盡矣。
日往則月來。月往則日來。日月相推而明生焉。寒往則暑來。暑往則寒來。寒暑相推而歲成焉。往者屈也。來者信

也屈信相感而利生焉。尺蠖之屈以求信也

龍蛇之蟄。以存身也。精義入神。以致用也

精義物理之微者也。神寂然不動。感而遂通。故能乘天下之微會而通其用也。○〔屈〕丘勿反〔信〕音申〔蠖〕紆縛反。又烏郭反〔蟄〕直立反

利用安身。以崇德也

利用之道皆安其身而後動也。精義由於入神以致其用。利用由於安身以崇其德。理必由乎其宗。事各本乎其根。歸根則寧。天下之理得也。若役其思慮以求動用。忘其安身以殉功美。則偽彌多而理愈失。名彌美而累愈彰矣。

過此以往。未之或知也

窮神知化。德之盛也

也屈信相感而利生焉。尺蠖之屈以求信也。龍蛇之蟄以存身也。精義入神以致用也。精義物理之微者也。神寂然不動感而遂通。故能乘天下之微會而通其用也。○屈丘勿反信音申蠖紆縛反。又烏郭反蟄直立反

利用安身以崇德也。利用之道皆安其身而後動也。精義由於入神以致其用。利用由於安身以崇其德。理必由乎其宗。事各本乎其根。歸根則寧。天下之理得也。若役其思慮以求動用。忘其安身以徇功美。則僞彌多而理愈失。名彌美而累愈彰矣

過此以往未之或知也。窮神知化德之盛也

易曰。困于石。據于蒺蔾。入于其宮。不見其妻。凶。子曰。非所困而困焉。名必辱。非所據而據焉。身必危。既辱且危。死期將至。妻其可得見邪。易曰。公用射隼于高墉之上。獲之无不利。子曰。隼者禽也。弓矢者器也。射之者人也。君子藏器於身。待時而動。何不利之有。動而不括。是以出而有獲。語成器而動者也。括。結也。君子待時而動。則无結閡之患也。○射食亦反 隼恤允反 墉音容 括古活反 閡五代反 子曰。

易曰困于石據于蒺藜入于其宮不見其妻凶。子曰非所困而困焉名必辱。非所據而據焉身必危。既辱且危死期將至。妻其可得見邪。易曰公用射隼于高墉之上獲之无不利。子曰隼者禽也。弓矢者器也。射之者人也。君子藏器於身。待時而動何不利之有。動而不括。是以出而有獲。語成器而動者也。括結也。射則无結閡之患也。○隼[illegible]反。墉音容。括古活反。解[illegible]反。子曰。

小人不恥不仁。不畏不義。不見利不勸。不威不懲。小懲而大誡。此小人之福也。易曰。屨校滅趾。无咎。此之謂也。善不積不足以成名。惡不積不足以滅身。小人以小善為无益而弗為也。以小惡為无傷而弗去也。故惡積而不可掩。罪大而不可解。易曰。何校滅耳。凶。子曰。危者安其位者也。亡者保其存者也。亂者有其治者也。是故君子安而不忘危。存而不忘小人不恥不仁。不畏不義。不見利不勸。不威不懲。小懲而大誡。此小人之福也。易曰屨校滅趾无咎。此之謂也。善不積不足以成名。惡不積不足以滅身。小人以小善爲无益。而弗爲也。以小惡爲无傷。而弗去也。故惡積而不可揜。罪大而不可解。易曰何校滅耳。凶。子曰。危者安其位者也。亡者保其存者也。亂者有其治者也。是故君子安而不忘危。存而不忘亡。治而不忘亂。是以身安而國家可保也。易曰。其亡其亡。繫于苞桑。子曰。德薄而位尊。知小而謀大。力小而任重。鮮不及矣。易曰。鼎折足。覆公餗。其形渥。凶。言不勝其任也。子曰。知幾其神乎。君子上交不諂。下交不瀆。其知幾乎。形而上者況之道。形而下者況之器。於道不冥而有求焉。未離乎諂也。於器不絕而有交焉。未免乎瀆也。能无諂瀆。窮理者也○〔校〕胡孝反〔何〕河可反。又音河〔知〕音智〔鮮〕先善反〔折〕之舌反〔覆〕芳六反〔餗〕音速〔勝〕音升〔離〕力智反 幾者動之微。吉之

亡。治而不忘亂。是以身安而國家可保也。易
曰。其亡其亡。繫于苞桑。子曰。德薄而位尊。知
小而謀大。力小而任重。鮮不及矣。易曰。鼎折
足。覆公餗。其形渥。凶。言不勝其任也。子曰。知
幾其神乎。君子上交不諂。下交不瀆。其知幾
乎形而上者況之道。形而下者況之器。於道不冥而有求焉。未離乎諂也。於器不絕而
有交焉。未免乎瀆也。能无諂瀆。窮理者也。○【校】胡孝反【何】河可反。又音河【知】音智【鮮】先善
反【折】之舌反【覆】芳六反【餗】音速【[illegible]】音升【離】力智反
幾者動之微。吉之

先見者也。幾者去无入有。理而未形。不可以名尋。不可以形覩者也。唯神也不疾而速。感而遂通。故能朗然玄照。鑒於未形也。合抱之木。起於毫末。吉凶之彰。始於微兆。故爲吉之先見也。○〔見〕賢遍反。君子見幾而作。不俟終日。易曰。介于石。不終日。貞吉。介如石焉。寧用終日。斷可識矣。定之於始。故不待終日也。○〔斷〕丁亂反。君子知微知彰。知柔知剛。萬夫之望。此知幾其神乎。子曰。顏氏之子。其殆庶幾乎。有不善未嘗不知。知之未嘗復行也。在理則昧。造形而悟。顏子之分也。失之於幾。故有不善。得之於二。不遠而先見者也。幾者去无入有。理而未形。不可以名尋。不可以形覩者也。唯神也不疾而速。感而遂通。故能朗然玄照。鑒於未形也。合抱之木。起於毫末。吉凶之彰。始於微兆。故爲吉之先見也。○見賢遍反君子見幾而作。不俟終日。易曰介于石。不終日。貞吉。介如石焉。寧用終日。斷可識矣。定之於始。故不待終日也。○斷丁亂反君子知微知彰。知柔知剛。萬夫之望。此知幾其神乎子曰。顏氏之子。其殆庶幾乎。有不善未嘗不知。知之未嘗復行也。在理則昧。造形而悟。顏子之分也。失之於幾。故有不善。得之於二。不遠而

復。故知之未嘗復行也。○復行。去聲 易曰。不遠復。无祇悔。元吉

吉凶者。失得之象也。得二者於理不盡。未至成形。故得不遠而復。舍凶之吉。免夫祇悔而終獲元吉。祇。大也。○祇祁支反。王音支。舍音捨 天地絪縕。萬物化醇。男女構精。萬物化生。易曰。三人行則損一人一人行則得其友。言致一也 致一而後化成也。○絪音因縕紆云反 子曰。君子安其身而後動。易其心而後語。定其交而後求。君子脩此三者。故全也。危以動。則民不與也。懼以語。則民不應也。无交

復。故知之未嘗復行也。○復行，未嘗易曰：不遠復，无祇悔，元吉。吉凶者，失得之象也。得二者，合理不盡，未至[illegible]形，故得不遠而復，舍凶之吉，免夫祇悔而致獲元吉。祇，大也。○祇祁支反，王音支。舍音捨。天地絪縕，萬物化醇。男女構精，萬物化生。易曰：三人行則損一人，一人行則得其友。言致一也。致一而後化成也。○絪音因，縕紆云反。子曰：君子安其身而後動，易其心而後語，定其交而後求。君子脩此三者，故全也。危以動，則民不與也；懼以語，則民不應也；无交而求。則民不與也。莫之與。則傷之者至矣。

曰。莫益之。或擊之。立心勿恆。凶。夫虛己存誠則衆以所不與也。○易以豉反。[illegible]

子曰。乾坤其易之門邪。乾陽物也。坤陰物也。

陰陽合德而剛柔有體。以體天地之撰。○撰仕[illegible]反

以通神明之德。其稱名也雜而不越。備物極變。故其名雜也。各得其序。不相踰越。況爻繇之辭也。○繇直救反。下同。稱尺證反

於稽其類。其衰世之意邪。有憂患而後作易。世衰則失得彌彰。爻繇之辭。所以

而求則民不與也莫之與則傷之者至矣易曰莫益之或擊之立心勿恒凶夫虛已存誠則衆之所不迕也躁以有求則物之所不與也○易以豉反迕五路反

子曰乾坤其易之門邪乾陽物也坤陰物也陰陽合德而剛柔有體以體天地之撰撰數也○撰仕勉反以通神明之德其稱名也雜而不越備物極變故其名雜也各得其序不相踰越況爻繇之辭也○繇直救反下同於稽其類其衰世之意邪有憂患而後作易世衰則失得彌彰爻繇之辭所以

辨失得。故知衰世之意邪。夫易彰往而察來

稽猶考也。○稽古今反

而微顯闡幽易无往不彰。无來不察。而微以之顯。幽以之闡。闡。明也。○闡昌善反

開而當名。辨物正言。斷辭則備矣開釋爻卦。使各當其名也。理類辨明。故曰斷辭也。○斷丁亂反

其稱名也小。其取類也大託象以明義。因小以喻大

其旨遠。其辭文。其言曲而中變化无恒。不可爲典要。故其言曲而中也。○中丁仲反

其事肆而隱事顯而理微也

因貳以濟民行。以明失得之報貳則失得也。因失得以通濟民行。故明失得之報也。失得之報者。得其會則吉。乖其理則凶

彰失得故知衰世之意邪。稽猶考也。○稽古兮反。夫易彰往而察來。

而微顯闡幽。易无往不彰。无來不察。而微以之顯。幽以之闡。闡。明也。○闡昌善反。開而當名。辨物正言。斷辭則備矣。開釋爻卦使各當其名也。理類辨明。故曰斷辭也。○斷丁亂反。

其稱名也小。其取類也大。託象以明義。因小以喻大。其旨遠。其辭文。其言曲而中。變化无恒。不可為典要。故其言曲而中也。○中丁仲反。

其事肆而隱。事顯而理微也。因貳以濟民行。以明失得之報。貳則失得也。因失得以通濟民行。故明失得之報也。失得之報者。得其會則吉。乖其理則凶。

易之興也其於中古乎。作易者其有憂患乎无憂患則不爲而足也是故履德之基也基所蹈也謙德之柄也。復德之本也夫動本於靜語始於默復者各反其所始故爲德之本也兵病反。○〔柄〕恆德之固也固不傾移也損德之脩也。益德之裕也能益物者其德寬大也困德之辯也困而益明又卜免反。○〔辯〕如字。井德之地也所處不移象居得其所也巽德之制也巽所以申命明制也履和而至和而不至從物者也和而能至故可履也。謙尊而光。復小而辨於物不遠而復微而辨之也以恆雜易之興也其於中古乎。作易者其有憂患乎无憂患則不爲而足也是故履德之基也基。所蹈也謙德之柄也。復德之本也夫動本於靜。語始於默，復者各反其所始，故爲德之本也。〇柄兵病反恒德之固也固。不傾移也損德之脩也。益德之裕也能益物者。其德寛大也困德之辯也困而益明〇辯如字。又卜免反井德之地也所處不移。象居得其所也巽德之制也巽所以申命明制也履和而至和而不至。從物者也，和而能至。故可履也謙尊而光。復小而辨於物微而辨之。不遠復也恒雜而不厭雜而不厭。足以能恒。(厭)於豔反損先難而後易刻損以脩身。故先難也。身脩而无患。故後易也。(易)以豉反益長裕而不設有所興為以益於物。故曰長裕。因物興務。不虛設也。(長)丁丈反困窮而通處窮而不屈其道也。井居其所而遷改邑不改井。井所居不移而能遷其施也。(施)始豉反巽稱而隱稱揚命令。而百姓不知其由也。(稱)尺證反。又尺升反履以和行。謙以制禮。復以自知求諸己也。(行)下孟反恒以一德以一為德也損以遠害止於脩身。故可以遠害而已。(遠)于萬反益以興利。困以寡怨困而不濫。无怨於物井

以辯義施而无私。義之方也巽以行權權。反經而合道。必合乎巽順。而後可以行權也

易之爲書也不可遠。擬議而動。不可遠也遠袁萬反。又如字爲道也屢遷變動不居。周流六虛六虛。六位也上下无常。剛柔相易。不可爲典要。不可立定準也上時掌反唯變所適變動貴於適時。趣舍存乎會也其出入以度。外內使知懼明出入之度。使物知外內之戒也。出入猶行藏。外內猶隱顯。遯以遠時爲吉。豐以幽隱致凶。漸以高顯爲美。又明於憂明夷以處昧利貞。此外內之戒也

患與故故事故也无有師保如臨父母安而不忘危存而不忘亡。終日乾乾。不可以怠也初率其辭而揆其方既有典常能循其辭以度其義原其初以要其終則唯變所適是其常典也明其變者存其要也。故曰苟非其人道不虛行。度也。度待洛反以要平聲下要終亦要同 睽葵癸反苟非其人道不虛行

易之爲書也原始要終以爲質也質體也卦兼終始之義也六爻相雜唯其時物也爻各存乎其時物事也其初難知其上易知本末也初辭擬之卒成之終

夫事始於微而後至於著。初者數之始。擬議其端。故難知也。上者卦之終。事皆成著。故易知也。○易以豉反

若夫雜物撰德。辨是與非。則非其中爻不備。噫。亦要存亡吉凶。則居可知矣。知者觀其彖辭。則思過半矣。夫彖者舉立象之統。論中爻之義。約以存博。簡以兼眾。雜物撰德。而一以貫之。形之所宗者道。眾之所歸者一。其事彌繁。則愈滯乎形。其理彌約。則轉近乎道。彖之為義。存乎一也。一之為用。同乎道矣。形而上者可以觀道。過半之益。不亦宜乎。○噫於其反 要一妙反又一遙反 知音智 彖吐亂反 思息吏反

二與四同功同陰功也而異位有內外也其善不同。二

夫事始於微而後至於著。初者數之始。擬議其端。故難知也。上者卦之終。事皆成著。故易知也。○易以豉反

若夫雜物撰德。辯是與非。則非其中爻不備。噫。亦要存亡吉凶。則居可知矣。知者觀其彖辭。則思過半矣。

夫彖者。舉立象之統。論中爻之義。約以存博。簡以兼衆。雜物撰德。而一以貫之。形之所宗者道。衆之所歸者一。其事彌繁則愈滯乎形。其理彌約則轉近乎道。彖之為義。存乎一也。一之為用。同乎道矣。形而上者可以觀道。過半之益。不亦宜乎。○噫於其反。要一妙反。又一遙反。知音智。彖吐貫反。思息吏反

二與四同功同陰功也而異位有內外也其善不同。二

多譽二處中和。故多譽也四多懼。近也位逼於君。故多懼也柔之爲道。不利遠者。其要无咎。其用柔中也四之多懼。以近君也。柔之爲道。須援而濟。故有不利遠者。二之能无咎。柔而處中也三與五同功同陽功也而異位有貴賤也三多凶。五多功。貴賤之等也。其柔危。其剛勝邪三五。陽位。柔非其位。處之則危。居以剛健。勝其任也。夫所貴剛者。閑邪存其誠。動而不違其節者也。所貴柔者。含弘居中。順而不失其貞者也。若剛以犯物。則非剛之道。柔以卑佞。則非柔之義也。○勝升證反。一音升

易之爲書也。廣大悉備。有天道焉。有人道焉。

多譽。二處中和。故多譽也。四多懼。近也。位逼於君。故多懼也。柔之為道。不利遠者。其要无咎。其用柔中也。四之多懼以近君也。柔之為道。須援而濟。故有不利遠者。二之能无咎。柔而處中也。三與五同功同陽功也。而異位有貴賤也。三多凶。五多功。貴賤之等也。其柔危。其剛勝邪。三五陽位。柔非其位。處之則危。居以剛健。勝其任也。夫所貴剛者。閑邪存其誠。動而不違其節者也。所貴柔者。含弘居中。順而不失其貞者也。若剛以犯物則非剛之道。柔以卑佞。則非柔之義也。○佞乃定反。一音乃易之為書也。廣大悉備。有天道焉。有人道焉。

有地道焉。兼三材而兩之。故六。六者非它也。
三材之道也。道有變動。故曰爻。爻有等。
故曰物等。類也。乾陽物也。坤陰物也。爻有陰陽之類。而後有剛柔之用。故曰爻。爻
有等。故曰物物相雜。故曰文剛柔交錯玄黃相雜文不當故
吉凶生焉。易之興也。其當殷之末世。周之盛
德邪。當文王與紂之事邪。文王以盛德蒙難而能亨其道。故稱
文王之德以明易之道也是故其辭危文王與紂之事。危其辭也危者
使平。易者使傾。易。慢易也易以豉反也。其道甚大。百物

有地道焉。兼三材而兩之。故六。六者非它也。三材之道也。說卦備矣道有變動。故曰爻。爻有等。故曰物等。類也。乾。陽物也。坤。陰物也。爻有陰陽之類。而後有剛柔之用。故曰爻。爻有等。故曰物物相雜。故曰文剛柔交錯。玄黃相雜文不當。故吉凶生焉。易之興也。其當殷之末世。周之盛德邪。當文王與紂之事邪。文王。以盛德蒙難而能亨其道。故稱文王之德以明易之道也是故其辭危文王與紂之事。危其辭也危者使平。易者使傾易。慢易也。○易以豉反其道甚大。百物

不廢懼。以終始。其要无咎。此之謂易之道也

夫文不當而吉凶生。則保其存者亡。不忘亡者存。有其治者亂。不忘危者安。懼以終始。歸於无咎。安危之所由。爻象之大體也

夫乾天下之至健也。德行恒易以知險。夫坤天下之至順也。德行恒簡以知阻。能說諸心。能研諸侯之慮

諸侯。物主。有爲者也。能說萬物之心。能精爲者之務。○（行）下孟反（易）以豉反（阻）莊呂反（說）音悅

定天下之吉凶。成天下之亹亹者。是故變化云爲。吉事有祥。象事知器。

不廢。懼以終始其要无咎。此之謂易之道也。

由此言之[illegible]危懼[illegible]不[illegible]安[illegible]治[illegible]

夫乾天下之至健也。德行恒易以知險。夫坤

天下之至順也。德行恒簡以知阻。能說諸心。

能研諸侯之慮。[illegible]

圓莊呂反[illegible]音[illegible]反　下孟反[illegible]又[illegible]反

定天下之吉凶。成天下之

亹亹者。是故變化云爲。吉事有祥。象事知器。

占事知來夫變化云爲者。行其吉事則獲嘉祥之應。觀其象事則知制器之方。翫其占事則覩方來之驗也。天地設位。聖人成能聖人乘天地之正。萬物各成其能。人謀鬼謀。百姓與能人謀況議於衆。以定失得也。鬼謀況寄卜筮以考吉凶也。不役思慮而失得自明。不勞探射而吉凶自著。類萬物之情。通幽深之故。故百姓與能。樂推而不厭也。八卦以象告以象告人。爻彖以情言辭有險易。而各得其情也。剛柔雜居而吉凶可見矣。變動以利言變而通之以盡利也。吉凶以情遷吉凶无定。唯人所動。情順乘理以之吉。情逆違道以蹈凶。

占事知來夫變化云爲者。行其吉事則獲嘉祥之應。觀其象事則知制器之方。玩其占事則覩方來之驗也。亹亡偉反天地設位。聖人成能聖人乘天地之正。萬物各成其能人謀鬼謀。百姓與能人謀。況議於衆以定失得也。鬼謀。況寄卜筮以考吉凶也。不役思慮而失得自明。不勞探射。而吉凶自著。類萬物之情。通幽深之故。故百姓與能。樂推而不厭也。射食亦反八卦以象告以象告人爻彖以情言辭有險易。而各得其情也剛柔雜居而吉凶可見矣變動以利言變而通之以盡利也。盡津忍反吉凶以情遷吉凶无定。唯人所動。情順乘理以之吉。情逆違道以蹈凶故曰吉凶以情遷也是故愛惡相攻而吉凶生泯然同順。何吉何凶。愛惡相攻。然後逆順者殊。故吉凶生。惡烏路反。鄭烏洛反遠近相取而悔吝生相取猶相資也。遠近之爻。互相資取。而後有悔吝也情僞相感而利害生情以感物則得利。僞以感物則致害也凡易之情近而不相得則凶近。況比爻也。易之情。剛柔相摩。變動相適者也。近而不相得。必有乖違之患。或有相違而无患者。得其應也。相順而皆凶者。乖於時也。存事以考之。則義可見矣或害之悔且吝夫无對於物而後盡全順之道。豈可有欲害之者乎。雖能免濟。必有悔吝也。或。欲害之辭也將叛者其辭慚

故曰吉凶以情遷也

是故愛惡相攻而吉凶生 泯然同順何吉何凶愛惡相攻然後逆順者殊故吉凶生。惡烏路反。與烏路反

遠近相取而悔吝生 相取猶相資也。遠近之爻互相資取而後有悔吝也。

情偽相感而利害生 情以感物則得利。偽以感物則致害也。偽

凡易之情近而不相得則凶 近。況比爻也。易之情剛柔相摩。變動相適者也。近而不相得。必有乘違之患也。或有相違而无患者。得其應也。相須而皆凶者。乖於時也。故事以者考之則義可見矣。

或害之悔且吝 夫无對於物而後盡全順之道。豈可有欲害之者乎。雖能免濟。必有悔吝也。

將叛者其辭慚

中心疑者其辭枝吉人之辭寡躁人之辭多
誣善之人其辭游失其守者其辭屈

周易繫辭第八

相臺岳氏刻
梓荊谿家塾

中心疑者其辭枝。吉人之辭寡。躁人之辭多。誣善之人其辭游。失其守者其辭屈

周易卷第八

相臺岳氏刻梓荆谿家塾

周易說卦第九　　韓康伯註

昔者聖人之作易也幽贊於神明而生蓍（幽深也。贊。明也。蓍受命如嚮。不知所以然而然也。○贊子旦反蓍音尸）參天兩地而倚數（參。奇也。兩。耦也。七九。陽數。六八。陰數。○參七南反。又如字倚於綺反奇紀宜反）觀變於陰陽而立卦（卦。象也。蓍。數也。卦則雷風相薄。山澤通氣。擬象陰陽變化之體。蓍則錯綜天地參兩之數。蓍極數以定象。卦備象以盡數。故蓍曰參天兩地而倚數。卦曰觀變於陰陽也）發揮於剛柔而生爻（剛柔發散變動相生）和順於道德而理於義窮理盡性以至

性命。命者生之極。理則盡其極也。

昔者聖人之作易也。將以順性命之理。是以立天之道曰陰與陽。立地之道曰柔與剛。在天成象。在地成形。陰陽者言其氣。柔剛者言其形。變化始於氣象而後成形。萬物資始乎天成形乎地。故天曰陰陽。地曰柔剛也。或形而言陰陽者。本其始也。在氣而言柔剛者在殺也。要其立人之道曰仁與義。兼三才而兩之。故易六畫而成卦。分陰分陽。迭用柔剛。故易六位而成章。設六爻以效三才之動。故六畫而成卦也。六位。爻所處之位也。二四

於命命者生之極。窮理則盡其極也

昔者聖人之作易也將以順性命之理是以立天之道曰陰與陽立地之道曰柔與剛在天成象。在地成形。陰陽者言其氣。柔剛者言其形。變化始於氣象而後成形。萬物資始乎天。成形乎地。故天曰陰陽。地曰柔剛也。或有在形而言陰陽者。本其始也。在氣而言柔剛者。要其終也立人之道曰仁與義兼三才而兩之故易六畫而成卦分陰分陽迭用柔剛故易六位而成章設六爻以效三才之動。故六畫而成卦也。六位。爻所處之位也。二四

爲陰。三五爲陽。故曰分陰分陽。六爻升降。或柔或剛。故曰迭用柔剛也。○迭田節反

天地定位。山澤通氣。雷風相薄。水火不相射。八卦相錯。數往者順。知來者逆。易八卦相錯。變化理備。於往則順而知之。於來則逆而數之。○射食亦反。數色具反。又色主反是故易逆數也。作易以逆覩來事。以前民用。

雷以動之。風以散之。雨以潤之。日以烜之。艮以止之。兌以說之。乾以君之。坤以藏之。帝出乎震。齊乎巽。相見乎離。致役乎坤。說言乎兌。

為陰，三五為陽，故曰分陰分陽。六爻升降，或柔或剛，故曰迭用柔剛也。○迭，田節反。

天地定位，山澤通氣，雷風相薄，水火不相射。八卦相錯。數往者順，知來者逆。易八卦相錯，變化理備。於往則順而知之，於來則逆而數之。○錯，倉各反。數，色具反，又色主反。是故易逆數也。作易以逆覩來事，以前民用。

雷以動之，風以散之，雨以潤之，日以烜之，艮以止之，兌以說之，乾以君之，坤以藏之。帝出乎震，齊乎巽，相見乎離，致役乎坤，說言乎兌，戰乎乾。勞乎坎。成言乎艮。萬物出乎震。震東方也。齊乎巽。巽東南也。齊也者。言萬物之絜齊也。離也者。明也。萬物皆相見。南方之卦也。聖人南面而聽天下。嚮明而治。蓋取諸此也。坤也者。地也。萬物皆致養焉。故曰致役乎坤。兌正秋也。萬物之所說也。故曰說言乎兌。戰乎乾。乾西北之卦也。言陰陽相薄也。坎者水也。正北方之卦也。勞卦也。萬物之所歸也。故戰乎乾勞乎坎成言乎艮萬物出乎震震東方也齊乎巽巽東南也齊也者言萬物之絜齊也離也者明也萬物皆相見南方之卦也聖人南面而聽天下嚮明而治蓋取諸此也坤也者地也萬物皆致養焉故曰致役乎坤兌正秋也萬物之所說也故曰說言乎兌戰乎乾乾西北之卦也言陰陽相薄也坎者水也正北方之卦也勞卦也萬物之所歸也故

曰勞乎坎艮東北之卦也萬物之所成終而所成始也故曰成言乎艮神也者妙萬物而爲言者也於此言神者明八卦運動變化推移莫有使之然者神則无物妙萬物而爲言也則雷疾風行火炎水潤莫不自然相與爲變化故能萬物既成也○迥況晚反說音悅嚮許亮反後同動萬物者莫疾乎雷橈萬物者莫疾乎風燥萬物者莫熯乎火說萬物者莫說乎澤潤萬物者莫潤乎水終萬物始萬物者莫盛乎艮故水火相逮雷風不相悖山澤

曰勞乎坎。艮東北之卦也。萬物之所成終而所成始也。故曰成言乎艮。神也者妙萬物而為言者也。於此言神者，明八卦運動，變化推移，莫有使之然者。神則无物，妙萬物而為言也。則雷疾風行，火炎水潤，莫不自然相與為變化，故能萬物既成也。[illegible]許高反又音[illegible]動萬物者莫疾乎雷。撓萬物者莫疾乎風。燥萬物者莫熯乎火。說萬物者莫說乎澤。潤萬物者莫潤乎水。終萬物始萬物者莫盛乎艮。故水火相逮。雷風不相悖。山澤

[illegible]

徐音漢反 [illegible]

[illegible]

通氣，然後能變化，既成萬物也。撓，乃飽反，王乃教反，又呼勞反。熯，呼但反，徐音漢。悖，必內反。

乾，健也。坤，順也。震，動也。巽，入也。坎，陷也。離，麗也。艮，止也。兌，說也。

乾爲馬，坤爲牛，震爲龍，巽爲雞，坎爲豕，離爲雉，艮爲狗，兌爲羊。

乾爲首，坤爲腹，震爲足，巽爲股，坎爲耳，離爲目，艮爲手，兌爲口。

乾天也故稱乎父坤地也故稱乎母震一索而得男故謂之長男巽一索而得女故謂之長女坎再索而得男故謂之中男離再索而得女故謂之中女艮三索而得男故謂之少男兌三索而得女故謂之少女○索色白反長丁丈反下皆同中丁仲反下同少詩照反下皆同

乾爲天爲圜爲君爲父爲玉爲金爲寒爲冰爲大赤爲良馬爲老馬爲瘠馬爲駁馬爲木

乾天也。故稱乎父。坤地也。故稱乎母。震一索而得男故謂之長男。巽一索而得女故謂之長女。坎再索而得男故謂之中男。離再索而得女故謂之中女。艮三索而得男故謂之少男。兌三索而得女故謂之少女。(長)丁丈反。下 (索)色白反。

(乙)詩照反。下皆同 (中)丁仲反。下同

乾為天。為圜。為君。為父。為玉。為金。為寒。為冰。為大赤。為良馬。為老馬。為瘠馬。為駁馬。為木

果。〔圖〕音圓〔嗇〕色
本反〔[illegible]〕抑角反

坤為地。為母。為布。為釜。為吝嗇。為均。為子母

牛。為大輿。為文。為衆。為柄。其於地也為黑。〔釜〕

反房甫

震為雷。為龍。為玄黃。為旉。為大塗。為長子。為

決躁。為蒼筤竹。為萑葦。其於馬也為善鳴。為

馵足。為作足。為的顙。其於稼也為反生。其究

為健。為蕃鮮。〔鮮〕思反〔[illegible]〕主樹反〔的〕丁歷反〔顙〕桑
〔健〕音字〔筤〕音郎〔萑〕音丸〔葦〕韋

果。圜音圓瘠在亦反駁邦角反

坤爲地爲母爲布爲釜爲吝嗇爲均爲子母牛爲大輿爲文爲衆爲柄其於地也爲黑。釜房甫反

震爲雷爲龍爲玄黃爲旉爲大塗爲長子爲決躁爲蒼筤竹爲萑葦其於馬也爲善鳴爲馵足爲作足爲的顙其於稼也爲反生其究爲健爲蕃鮮。旉音孚筤音郎萑音丸葦韋鬼反馵主樹反的丁歷反顙桑

黨反。的顙。白顛。反生。麻豆之屬。蕃音煩。鮮息連反

巽爲木。爲風。爲長女。爲繩直。爲工。爲白。爲長。爲高。爲進退。爲不果。爲臭。其於人也爲寡髮。爲廣顙。爲多白眼。爲近利市三倍。其究爲躁卦。

坎爲水。爲溝瀆。爲隱伏。爲矯輮。爲弓輪。其於人也爲加憂。爲心病。爲耳痛。爲血卦。爲赤。其於馬也爲美脊。爲亟心。爲下首。爲薄蹄。爲曳。

巽爲木爲風爲長女爲繩直爲工爲白爲長爲高爲進退爲不果爲臭其於人也爲寡髮爲廣顙爲多白眼爲近利市三倍其究爲躁卦

坎爲水爲溝瀆爲隱伏爲矯輮爲弓輪其於人也爲加憂爲心病爲耳痛爲血卦爲赤其於馬也爲美脊爲亟心爲下首爲薄蹄爲曳

入　巽音順　顙息連反

黨反　的顙　白顙　反生　生　麻豆

艮為山。為徑路。為小石。為門闕。為果蓏。為閽

項反【闕】苦考反【閽】走 韓【蓏】力禾反

為蠃。其於木也。為科上槁。○【槁】直又反【乾】古 丹反。鄭云。乾當為

於人也。為大腹。為乾卦。為鼈。為蟹。為蠃。為蚌。

離為火。為日。為電。為中女。為甲胄。為戈兵。其

反【書】主反【頭】反以制 去宣反頭以又

為堅多心。○【幹】又【蟹】力反表反九反【香】亦反【瓜】力反。王。主又反。王反。

其於輿也。為多眚。為通。為月。為盜。其於木也。

其於輿也爲多眚爲通爲月爲盜其於木也爲堅多心 ○撟紀表反輮如九反王如又反又女九反脊精亦反亟紀力反王去記反曳以制反眚生領反

離爲火爲日爲電爲中女爲甲胄爲戈兵其於人也爲大腹爲乾卦爲鼈爲蟹爲蠃爲蚌爲龜其於木也爲科上槁 ○胄直又反乾古丹反鄭云乾當爲幹蠃力禾反蚌步項反槁苦老反

艮爲山爲徑路爲小石爲門闕爲果蓏爲閽

寺。爲指。爲狗。爲鼠。爲黚喙之屬其於木也爲堅多節。蓏力火反闇音昏寺如字。徐音侍黚其廉反。徐音禽喙況廢反

兊爲澤。爲少女爲巫。爲口舌。爲毁折。爲附決。其於地也爲剛鹵。爲妾爲羊。巫亡符反決如字。徐音穴鹵力杜反

周易序卦第十

有天地然後萬物生焉。盈天地之閒者唯萬物。故受之以屯屯者盈也屯者物之始生也。

周易序卦第十

有天地然後萬物生焉。盈天地之間者唯萬

物。故受之以屯。屯者盈也。屯者物之始生也。

[illegible]

也。剛柔始交。故為物之始生也。物生必蒙。故受之以蒙。蒙者蒙也。物之穉也。物穉不可不養也。故受之以需。需者飲食之道也。飲食必有訟。故受之以訟。夫有生則有資。有資則爭興也。○穉直吏反。訟必有眾起。故受之以師。師者眾也。眾必有所比。故受之以比。眾起而不比則爭無由息。必相親比而後得寧也。○比毗志反。比者比也。比必有所畜。故受之以小畜。比非大通之道則各有所畜以相濟也。由比而畜。故曰小畜而不能大也。○畜敕六反。物畜然後有禮。故屯剛柔始交。故爲物之始生也。物生必蒙。故受之以蒙。蒙者。蒙也。物之穉也。物穉不可不養也。故受之以需。需者飲食之道也。飲食必有訟。故受之以訟。夫有生則有資。有資則爭興也。○穉直吏反訟必有衆起。故受之以師。師者衆也。衆必有所比。故受之以比。衆起而不比。則爭无由息。必相親比而後得寧也。○比毗志反比者比也。比必有所畜。故受之以小畜。比非大通之道。則各有所畜以相濟也。由比而畜。故曰小畜而不能大也。○畜敕六反物畜然後有禮。故受之以履〔履者禮也禮所以適用也故既畜則宜用有用則須禮也〕履而泰然後安故受之以泰泰者通也物不可以終通故受之以否物不可以終否故受之以同人〔否則思通人人同志故可出門同人不謀而合○否備鄙反〕與人同者物必歸焉故受之以大有有大者不可以盈故受之以謙有大而能謙必豫故受之以豫豫必有隨〔順以動者衆之所隨〕故受之以隨以喜隨人者必有事故受之以蠱蠱者事也有事而

受之以履。物畜則宜用，有用則須禮也。履者禮也。禮所以適用也。故履泰然後安。故受之以泰。泰者通也。物不可以終通。故受之以否。物不可以終否。故受之以同人。否則思通。人人同志。故可出門同人。不謀而合。○否，備鄙反。與人同者。物必歸焉。故受之以大有。有大者不可以盈。故受之以謙。有大而能謙必豫。故受之以豫。豫必有隨。順以動者，衆之所隨。故受之以隨。以喜隨人者必有事。故受之以蠱。蠱者事也。有事而後可大（可大必業。由事而生）故受之以臨。臨者大也。物大然後可觀。故受之以觀。可觀而後有所合。故受之以噬嗑（可觀則異方合會也。○觀官換反）嗑者合也。物不可以苟合而已。故受之以賁。賁者飾也。（物相合則須飾以脩外也）致飾然後亨則盡矣。故受之以剝（極飾則實喪也。○許庚反。鄭許兩反）亨剝者剝也。物不可以終盡。剝窮上反下。故受之以復。復則不妄矣。故受之以无妄。有无妄然後可畜。故受之以後可大可大之業由事而生故受之以臨臨者大也物大然後可觀故受之以觀可觀而後有所合故受之以噬嗑可觀則異方合會也○以觀官換反嗑者合也物不可以苟合而已故受之以賁賁者飾也物相合則須飾以脩外也致飾然後亨則盡矣故受之以剝極飾則實喪也○亨許庚反鄭許兩反剝者剝也物不可以終盡剝窮上反下故受之以復復則不妄矣故受之以无妄有无妄然後可畜故受之以

大畜。物畜然後可養。故受之以頤。頤者養也。不養則不可動。故受之以大過。不養則不可動。養過則厚。物不可以終過。故受之以坎。坎者陷也。過而不已。則陷沒也。陷必有所麗。故受之以離。離者麗也。物窮則變。極陷則反所麗也。

有天地然後有萬物。有萬物然後有男女。有男女然後有夫婦。有夫婦然後有父子。有父子。然後有君臣。有君臣然後有上下。有上下。

大畜。然後可養。故受之以頤。頤者養也。不養則不可動。故受之以大過。（不養則不可動。養過則厚。）物不可以終過。故受之以坎。坎者陷也。（過而不已。則陷沒也。）陷必有所麗。故受之以離。離者麗也。（物窮則變。極陷則反所麗也。）

有天地然後有萬物。有萬物然後有男女。有男女然後有夫婦。有夫婦然後有父子。有父子然後有君臣。有君臣然後有上下。有上然後禮義有所錯言咸卦之義也。凡序卦所明。非易之縕也。蓋因卦之次。託以明義。咸柔上而剛下。感應以相與。夫婦之象。莫美乎斯。人倫之道。莫大乎夫婦。故夫子殷勤深述其義。以崇人倫之始。而不係之於離也。先儒以乾至離為上經。天道也。咸至未濟為下經。人事也。夫易六畫成卦。三材必備。錯綜天人。以效變化。豈有天道人事偏於上下哉。斯蓋守文而不求義。失之遠矣。○上(錯)七各反。徐七路反。(縕)紆粉反。夫婦之道不可以不久也。故受之以恆。恆者久也。物不可以久居其所。故受之以遯。遯者退也。夫婦之道以恒為貴。而物之所居不可以恒。宜與時升降。有時而遯也。物不可然後禮義有所錯言咸卦之義也。凡序卦所明。非易之緼也。蓋因卦之次。託以明義。咸柔上而剛下。感應以相與。夫婦之象。莫美乎斯。人倫之道。莫大乎夫婦。故夫子殷懃深述其義。以崇人倫之始。而不係之於離也。先儒以乾至離爲上經。天道也。咸至未濟爲下經。人事也。夫易六畫成卦。三材必備。錯綜天人以效變化。豈有天道人事偏於上下哉。斯蓋守文而不求義。失之遠矣。○錯七各反。徐七路反。緼紆粉反

夫婦之道不可以不久也。故受之以恒。恒者久也。

夫婦之道以恒爲貴。而物之所居不可以恒。宜與世升降。有時而遯也

物不可以久居其所。故受之以遯。遯者退也。物不可

以終遯遯君子以遠小人。遯而後亨。何可終邪。則小人遂陵。君子日消也故受之以大壯陽盛陰消。君子道勝物不可以終壯。故受之以晉晉以柔而進也晉者進也雖以柔而進。要是進也進必有所傷。故受之以明夷日中則昃。月盈則食夷者傷也。傷於外者必反於家。故受之以家人傷於外必反脩諸內家道窮必乖室家至親。過在失節。故家人之義。唯嚴與敬。樂勝則流。禮勝則離。家人尚嚴。其敝必乖也故受之以睽。睽者乖也。乖必有難。故受之以蹇。蹇者難也。物不可以終難。

以遯遯君子以遠小人遯而後亨何可遯邪則小人道長君子日消也故受之以大壯陽盛陰消君子道勝物不可以終壯故受之以晉晉以柔而進也晉者進也雖以柔而進要是進也進必有所傷故受之以明夷月盈則食日中則昃夷者傷也傷於外者必反於家故受之以家人傷於外必反諸諸內家道窮必乖室家至親過在失節故家人之義惟嚴與敬樂勝則流禮勝則離險其散必乖也故受之以睽睽者乖也乖必有難故受之以蹇蹇者難也物不可以終難

故受之以解。解者緩也。緩必有所失。故受之以損。損而不已必益。故受之以益。益而不已必決（益而不已則盈。故必決也。○夬古快反。姤音遘）故受之以夬。夬者決也。決必有遇（以正決邪。必有喜遇也）故受之以姤。姤者遇也。物相遇而後聚。故受之以萃。萃者聚也。聚而上者謂之升。故受之以升。升而不已必困。故受之以困。困乎上者必反下。故受之以井。井道不可不革（井久則濁穢。宜革易其故）故受之以

故受之以解。解者緩也。緩必有所失。故受之
以損。損而不已必益。故受之以益。益而不已
必決（益而不已則盈。故必決也。○難乃旦反。解音蟹）故受之以夬。夬
者決也。決必有遇（以正決邪。必有嘉遇也）故受之以姤。
姤者遇也。物相遇而後聚。故受之以萃。萃者
聚也。聚而上者謂之升。故受之以升。升而不
已必困。故受之以困。困乎上者必反下。故受
之以井。井道不可不革（井久則濁穢。宜革易其故）故受之

以革。革物者莫若鼎。故受之以鼎。革去故。鼎取新。既以去故。則宜制器立法以治新也。鼎所以和齊生物成新之器也。故取象焉。○和去聲。又如字。齊才細反。主器者莫若長子。故受之以震。震者動也。物不可以終動。動必止之。故受之以艮。艮者止也。物不可以終止。故受之以漸。漸者進也。進必有所歸。故受之以歸妹。得其所歸者必大。故受之以豐。豐者大也。窮大者必失其居。故受之以旅。旅而无所容。故受之以巽以革。革物者莫若鼎，故受之以鼎。革去故，鼎取新。既以去故，則宜制器立法以治新也。鼎所以和齊生物。成新之器也，故取象焉。〔齊〕才詣反。又如字。〔長〕丁丈反。主器者莫若長子。故受之以震。震者動也。物不可以終動。止之。故受之以艮。艮者止也。物不可以終止。故受之以漸。漸者進也。進必有所歸。故受之以歸妹。得其所歸者必大。故受之以豐。豐者大也。窮大者必失其居。故受之以旅。旅而無所容。故受之以巽旅而无所容。以巽則得所入也。○長丁丈反。巽者入也。入而後說之。故受之以兌。兌者說也。說而後散之。故受之以渙。說不可偏係。故宜散也。○說音悅。渙者離也。渙者發暢而无所壅滯。則殊趣各肆。而不反則遂乖離也。物不可以終離。故受之以節。夫事有其節。則物之所同守而不散越也。節而信之。故受之以中孚。孚。信也。既已有節。則宜信以守之。有其信者必行之。故受之以小過。守其信者。則失貞而不諒之道。而以信為過也。故曰小過也。有過物者必濟。行過乎恭。禮過乎儉。可以矯世厲俗。有所濟也。故受旅而无所容。以巽則得所入也。○長丁丈反巽者。入也。入而後說之。故受之以兌。兌者說也。說而後散之。故受之以渙說不可偏係。故宜散也。○說音悅渙者離也渙者發暢而无所壅滯則殊趣。各肆而不反則遂乖離也物不可以終離。故受之以節夫事有其節。則物之所同守而不散越也節而信之。故受之以中孚孚。信也。既已有節。則宜信以守之有其信者必行之。故受之以小過守其信者。則失貞而不諒之道。而以信為過。故曰小過也有過物者必濟行過乎恭。禮過乎儉。可以矯世厲俗。有所濟也故受

之以既濟物不可窮也故受之以未濟終焉有爲而能濟者以已窮物者也物窮則乖功極則亂其可濟乎故受之以未濟也

周易雜卦第十一

乾剛坤柔比樂師憂親比則樂動衆則憂○比毗志反下同樂音洛

臨觀之義或與或求以我臨物故曰與物來觀我故曰求○觀古亂反

屯見而不失其居屯利建侯君子以經綸之時雖見而磐桓利貞不失其居也○見賢遍反鄭如字

蒙雜而著雜者未知所定也求發其蒙則終得所定著定也

震起也艮止也損益盛衰之始也

以既濟。物不可窮也。故受之以未濟終焉。

有為而能濟者，以己窮物者也。物窮則乖，功極則亂，其可濟乎。故受之以未濟也。

周易雜卦第十一

乾剛坤柔，比樂師憂。親比則樂。動衆則憂。○比毗志反。下同。樂音洛。

臨觀之義，或與或求。以我臨物。故曰與。物來觀我。故曰求。○觀古亂反。

屯見而不失其居。屯利建侯。君子以經綸之時。雖見而磐桓。利貞不失其居也。○見賢遍反。磐如字。

蒙雜而著。雜者未知所定也。求發其蒙。則終得所定。著。定也。

震起也。艮止也。損益盛衰之始也。

極損則益。極益則損。大畜時也。因時而畜。故能大也。无妄災也。无妄之世。妄則災也。萃聚而升不來也。來。還也。方在上升。故不還也。謙輕而豫怠也。謙者不自重大。噬嗑食也。賁无色也。飾貴合眾。无定色也。兌見而巽伏也。兌貴顯說。巽貴卑退。隨无故也。蠱則飭也。隨時之宜。不繫於故也。隨則有事。受之以蠱。飭。整治也。蠱所以整治其事也。剝爛也。物熟則剝落也。復反也。晉晝也。明夷誅也。誅。傷也。井通而困相遇也。井。物所通用而不吝也。困。安於所遇而不濫也。咸速也。物之相應。莫速乎咸。恒久也。渙離也。節止也。

極損則益。極益則損大畜時也因時而畜。故能大也无妄災也无妄之世。妄則災也萃聚而升不來也來。還也。方在上升故不還也謙輕而豫怠也謙者。不自重大噬嗑食也賁无色也飾貴合衆。无定色也兌見而巽伏也兌貴顯說。巽貴卑退隨无故也隨時之宜。不繫於故也。隨則有事。受之以蠱。飭。整治也。蠱所以整治蠱則飭也其事也剝爛也物孰則剝落也復反也晉晝也明夷誅也誅。傷也井通而困相遇也井。物所通用而不吝也。困。安於所遇而不濫也咸速也物之相應莫速乎咸恒久也渙離也節止也。解緩也。蹇難也。睽外也（相踈外也）家人內也。否泰反其類也。大壯則止。遯則退也（大正則小人止。小人亨則君子退）大有衆也。同人親也。革去故也。鼎取新也。小過過也。中孚信也。豐多故也（高者懼危。滿者戒盈。豐大者多憂故也。○去起呂反）親寡旅也（親寡故寄旅也）離上而坎下也（火炎上。水潤下）小畜寡也（不足以兼濟也）履不處也（王弼云。履卦陽爻皆以不處其位爲吉也）需不進也（畏險而止也）訟不親也。大過顛也（本末弱也）遘遇也。柔遇剛也。漸女

也。解，緩也。蹇，難也。睽，外也。相疏外也 家人，內也。否

泰，反其類也。大壯則止，遯則退也。[illegible]

[illegible] 大有，眾也。同人，親也。革，去故也。鼎，取

新也。小過，過也。中孚，信也。豐，多故也。[illegible]

[illegible] 親寡，旅也。[illegible] 離上而

坎下也。火炎上，水潤下。小畜，寡也。不足以兼濟也。履，不處也。

王弼云：陽爻皆以不處其位爲吉。需，不進也。畏險而止也。訟，不

親也。大過，顛也。本末弱也。姤，遇也，柔遇剛也。漸，女

歸待男行也女從男也頤養正也既濟定也歸妹

女之終也女終於出嫁也未濟男之窮也剛柔失位其道未濟

故曰窮也夬決也剛決柔也君子道長小人道憂

也

[illegible]

周易卷第九

歸待男行也女從男也頤養正也既濟定也歸妹女之終也女終於出嫁也未濟男之窮也剛柔失位其道未濟故曰窮也夬決也剛決柔也君子道長小人道憂也

周易卷第九

相臺岳氏刻梓荊谿家塾

周易略例序

唐四門助教邢　璹　註

原夫兩儀未位，神用藏於視聽，一氣化矣，至賾隱乎名言。於是河龍負圖，犧皇畫卦，仰觀俯察，遠物近身，八象窮天地之情，六位備剛柔之體。言大道之妙，有一陰一陽，論聖人之範圍，顯仁藏用。寔三元之胎祖，鼓舞財成，爲萬有之蓍龜，知來藏往。是以孔丘三絕，未臻

周易略例序

唐四門助教邢璹　注

原夫兩儀未位。神用藏於視聽。一氣化分。至賾隱乎名言之外。是河龍負圖。羲皇畫卦。仰觀俯察。遠近取身。八象變天地之情。六位備剛柔之體。言大道之妙。有一陰一陽。論聖人之能。顯仁藏用。宣三元之明祖。鼓群動以成務。萬有之善。通知來藏往。是以孔丘三絕。未窮

推淬。谷鑽人非上聖。未始不一覽。吾書矣

覩之奇古。又經緯天地。術測風雨。王齊恭奚

順之理。氣變消息之端。用有个救。辭有劍意。

捴一部之旨。論小則明六爻之得失。乘承逆

凶。會仲尼之論備矣。至若王輔嗣略例。大則

陰。昊知生之紀。闡周文王之言。吝象之吉

鐘。予。鼎鼐貫典。籍習周易。祈無注。興合十

酣。與盛衰之向。尚崇言。吾耕象之在。苗嬌

樞奥劉安九師尚迷宗旨臣彝象之年鼓篋

鱣序漁獵墳典偏習周易研窮耽玩無舍寸

陰是知卦之紀綱周文王之言略矣象之吉

凶魯仲尼之論備矣至如王輔嗣略例大則

揔一部之指歸小則明六爻之得失承乘逆

順之理應變情僞之端用有行藏辭有險易

觀之者可以經緯天地探測鬼神匡濟邦家

推辟咎悔雖人非上聖亦近代一賢臣謹依

其文。輒爲註解。雖不足敷弘易道。庶幾有裨於教義。亦猶螢爝增輝於太陽。消流助深於巨壑。臣之志也。敢不上聞

周易略例卷第十

明彖　王弼

夫彖者何也將釋其義。故假設問端而曰何統論一卦之體。明其所由之主者也統論一卦功用之體。明。辯也。辯卦體功用所由之主。立主之義。義在一爻明辯也夫衆不能治衆。治衆者至

其文暢。詁註釋。雖不足以易道。庶幾有裨
於教義。亦猶滄溟增埃。太陽添助螢
曰蹇臣之志也。敢不上闡

周易略例卷第十

明彖　王弼

夫彖者何也將釋其義。故假設問端而曰何。統論一卦之體。明其所由之主者也統論一卦之用之體。明。辭也。釋卦體功用所由之主。立主之義。在一爻明辯也夫眾不能治眾。治眾者至然必由其理者无妄无妄之理必由其主論物象也衆盈安也天下之衆衆天安。无二也動故無心蓋動而動不息也物轉所以運運動不已者晝天二存者一其存也心歸之故無心也動之所以得成運者原必所以得成存乎者主必致一也者存其存也有必致猶歸也衆得静爲謙若安爲動主也道動是衆衆由一制夫制衆音辭歸一故故衆之不能自制制其動者貞之一者也夫子曰王後得一以制天下貞者然則之一爲君也體吾體合能制動制天下之動者貞夫一者也天下動則之寡者也萬物衆治者主一以寡治衆也能治衆物是衆一是以寡衆不能治夫動不寡者也萬物是衆。一是寡。衆不能治衆。治衆者。至少以治之也夫動不能制動。制天下之動者。貞夫一者也天下之動。動則不能自制。制其動者。貞之一者也。老子曰。王侯得一以爲天下貞。然則一爲君體。君體合道。動是衆。衆由一制也。制衆歸一。故靜爲躁君。安爲動主。㊀夫音符。後同故衆之所以得咸存者。主必致一也致猶歸也。衆得皆存其存。有必歸於一。故無心於存。皆得其存也。動之所以得咸運者。原必无二也動所以運。運不已者。謂无二動。故無心於動。而動不息也物无妄。然必由其理物。衆也。妄。虛妄也。天下之衆。衆皆无妄。无妄之理。必由君主統之也。統之有宗。會之有元。統領之以宗主。會合之以元首。故繁而不亂。衆而不惑。統之有宗主。雖繁而不亂。會之以元首。雖衆而不惑。故六爻相錯。可舉一以明也。錯。雜也。六爻或陰或陽。錯雜交亂。舉貞一之主以明其用。剛柔相乘。可立主以定也。六爻有剛有柔。或乘或據。有逆有順。可立主以定之。是故雜物撰德。撰。數也。雜。聚也。聚其物體。數其德行。辯是與非。辯。明也。得位而承之。是也。失位而據之。非也。則非其中爻。莫之備矣。然則非是中之一爻。莫之能備。訟彖云。訟有孚窒惕中吉。剛來而得中也。困彖云。貞大人吉以剛中也之例是也。故自統

之也

統之有宗會之有元

統領之以宗主 會合之以元首

故繁而不亂眾而不惑

統之有宗主雖繁而不亂 會之以元首雖眾而不惑

故六爻相錯可舉一以明也

陰雜也六爻或 錯或陽錯雜交

亂。舉貞一之 主以明其用

剛柔相乘可立主以定也

有柔。故來故據。有迹 有順可立主以定之

是故雜物撰德

聚其物體 數其德行

辯是與非

也。辯失明位也。而得位而非承乘之是也

則非其中爻莫之備矣

莫然之則能非備是中之一也

有孚窒惕中吉。剛來而得中也。 云。貞大人吉以剛中也。之剛是也。因彖云言

故自統

而尋之，物雖眾，則知可以執一御也。无為之一若道以君也統而推尋萬物雖眾一之也神道也百從雖眾御之以君主之由本以觀之，義雖博，則知可以一名舉也。博廣也本謂君也道也義雖廣舉之任一也故處璇璣以觀大運，則天地之動未足怪也；據會要以觀方來，則六合輻輳未足多也。天地雖大觀之以璇璣六合雖廣據之以要會天地之運不及其大六合輻輳不足其多○璇似全反璣音機輻音福輳千豆反故舉卦之名，義有主矣；觀其彖辭，則思過半矣。彖辭卦義。義主中爻。

而尋之物雖衆，則知可以執一御也。无為之一者道也，君也。統而推尋，萬物雖殊，一之以神道；百姓雖衆，御之以君主也。由本以觀之，義雖博，則知可以一名舉也。博，廣也。本，謂君也，道也。義雖廣，舉之在一也。故處琁璣以觀大運，則天地之動未足怪也；據會要以觀方來，則六合輻湊未足多也。天地雖大，觀之以琁璣；六合雖廣，據之以要會。天地之運，不足怪其大；六合輻湊，不足稱其多。○琁，悉全反。璣，音機。輻，音福。湊，千豆反。故舉卦之名，義有主矣；觀其彖辭，則思過半矣。彖總卦義，義主中爻。

簡易者。道也君也。道能化物。君能御民。智者觀之。思過某半

夫古今雖殊。軍國異容。中之爲用。故未可遠也古今革變軍國殊別。中正之用。終無疏遠。◯遠于萬反

品制萬變。宗主存焉。彖之所尚。斯爲盛矣品變積萬。存之在一

夫少者。多之所貴也。寡者。衆之所宗也自此已下。明至少者爲至多之所主。豈直指其中爻而已

一卦五陽而一陰。則一陰爲之主矣同人。履。小畜。大有之例是也

五陰而一陽。則一陽爲之主矣師。比。謙。豫。復。剝之例是也

夫陰之所求者陽也。陽之所求

（簡易者道也，若也。道能化物，若能御民者觀之，思過其半矣。）夫古今雖殊，軍國異容，中之為用，故未可遠也。（古今革變，軍國殊別，中正之用，無非遠。○遠，于萬反。）品制萬變，宗主存焉；彖之所尚，斯為盛矣。（品變雖萬，故其一。）夫少者，多之所貴也；寡者，眾之所宗也。（自此已下，明至少者為至多之所主。豈直指其中爻而已。）一卦五陽而一陰，則一陰為之主矣。（同人。履。小畜。大有。以陰是也。）五陰而一陽，則一陽為之主矣。（師。比。謙。豫。復。剝。以陽是也。）夫陰之所求者陽也，陽之所求

事簡以濟衆，其寡矣乎。物是衆。道竝生意。體易者。道也者也。萬

之漸是也爻。豐歸妹變而不亂。變而不憂處。於以存

體。不由乎文也。以明其義。卦體以義。不其一遺棄也。棄此一爻而舉二體

上下謙之是也畜象云。來得位而故有遺爻而舉二體者。卦

至少之地也。王弼曰。陽貴而陰賤。以至少至多以少。爻雖賤衆亦從之。小

而從之。故陰爻雖賤而爲一卦之主者。處其

所得不同而歸之。陰爻寡焉。五陽所得不同

者寡也。王弼曰。夫陰陽相以衆以所求貴也陽爲一焉。五陰

者陰也王弼曰。夫陰陽相求之物。以所求者貴也陽苟一焉。五陰何得不同而歸之。陰苟隻焉。五陽何得不同而從之。故陰爻雖賤而為一卦之主者。處其至少之地也王氏曰。陽貴而陰賤。以至少處至多之地。爻雖賤。衆亦從之。小畜彖云。柔得位而上下應之是也或有遺爻而舉二體者。卦體不由乎爻也遺。棄也。棄此一爻而舉二體以明其義。卦體之義。不在一爻。豐。歸妹之類是也繁而不憂亂。變而不憂惑。約以存博。簡以濟衆。其唯彖乎簡易者。道也君也。萬物是衆。道能生物。君能養民。物雖繁。不憂錯亂。爻雖變。不憂迷惑亂而不能惑。變而不能渝。非天下之至賾。其孰能與於此乎萬物雖雜。不能惑其君。六爻雖變。不能渝其主。非天下之至賾。神武之君。其孰能與於此。言不能也

○與音預故觀彖以斯義可見矣觀彖以斯其義可見

明爻通變

夫爻者何也將釋其義。假設問辭言乎變者也爻者。效也。物剛效剛。物柔效柔。遇物而變。動有所之。故云言乎變者也變者何也。情僞之所爲也變之所生。生於情僞。情僞所適。巧詐多端。故云情僞之所爲也夫

能養民。物雖繁。不憂亂。文雖變。不憂迷。故亂。而不能惑。變。而不能渝。非天下之至賾。其孰能與於此乎萬物雖雜

不能致其君。六爻雖變。不能渝其主。非天下之至賾。神故之君。其孰能與於此。言不能也

○與音預故觀彖以斯。義可見矣觀彖以斯其義可見

明爻通變

夫爻者何也假設問辭。得釋其義。言乎變者也爻者效也。爻圖

效圖。指來效來。遇物而變。動有所以。故云言乎變者也變者何也。情

之所爲也變以所生。生於情僞。情僞所適。言卦爻辭。設以擬爻以所變也夫

情偽之動非數之所求也情欲為動。數莫能求。故合散屈伸與體相乖物之為體。或性同行乖。情殊相違。同歸殊途。一致百慮。故萃卦六二引吉无咎。萃之為體。貴相從就。六二志在靜退。不欲相就。人之多僻。己獨取正。其體雖合。志則不同。故曰合散。乾之初九潛龍勿用。初九身雖潛屈。情無憂悶。其志則申。故曰屈伸。形躁好靜質柔愛剛體與情反質與願違至如風虎雲龍。嘯吟相感。物之體性。形願相從。此則情體亦乖。質願相反。故歸妹九四。歸妹愆期。遲歸有時。四體是震。是形躁也。愆期待時。是好靜也。履卦六三。武人為于大君。志剛也。兌體是陰。是質柔也。志懷剛武。為于大君。是愛剛也。巧歷不能定情僞之動，非數之所求也。情欲僞動，數莫能求。故合散屈伸，與體相乖。物之爲體，或性同行乖，情貌相違，同歸殊塗，一致百慮。故萃卦六二，引吉无咎。萃之爲體，貴相從就。六二志在靜退，不欲相就。人之多辟，已獨取正。其體雖合，志則不同。故曰合散。乾之初九，潛龍勿用。初九身雖潛屈，情無憂悶，其志則申。故曰屈伸。形躁好靜，質柔愛剛，體與情反，質與願違。至如風虎雲龍，嘯吟相感，物之體性，形願相從。此則情體乖違，質願相反。故歸妹九四，歸妹愆期，遲歸有時。四體是震，是形躁也。愆期待時，是好靜也。履卦六三，武人爲于大君，志剛也。兌體是陰，是質柔也。志懷剛武，爲于大君，是愛剛也。巧歷不能定其筭數。聖明不能爲之典要萬物之情。動變多端。雖復巧歷聖明。不能定筭其數。制典法。立要會也法制所不能齊度量所不能均也雖復法制度量。不能均齊詐僞長短爲之乎。豈在夫大哉情有巧僞。變動相乖。不在於大。而聖明巧歷尚測不知。豈在乎大哉陵三軍者或懼於朝廷之儀。暴威武者或困於酒色之娛陵三軍。暴威武。視死如歸。若獻酬揖讓。汗成霡霂。此皆體質剛猛。懼在微小。故大畜初九。有厲利已。九三輿說輻。雖復剛健。怯於柔弱也近不必比。遠不必乖近爻不必親比。遠爻不必乖離。屯六二初九。爻雖相近。守貞不從。九五雖

不必乖二初九。爻雖相近。守貞不從。九五雖近爻不必親比。遠爻不必乖離。中六

輿說輹。雖復剛健。性以柔弱也小。故大畜初九。有厲。利已。九三近不必比。遠

包之矣畜。不成暴象。此皆體質剛健。畜在微畜。三軍暴威武。與死如猛。若擾猶

運者敢懼為朝廷之儀表威武者豈固以酒

大故聖明巧歷尚測不知。豈在乎大哉精有巧曆。變動相乖。不在於大。而陵三

不能均也能均齊詳度量不雖值法制度長短歸之乎豈在夫

制典法立要會也聖明不能定其數法制所不能齊度量所

其算數聖明不能盡之與萬物。雖情動多端。以巧變

遠。十年乃字此例是也。○因比志反

同聲相應高下不必均也

同氣相求體質不必齊也初四。二五。三上。同聲相應。不必均高卑也。同氣相求。不必齊形質也。

召雲者龍命呂者律雲。水氣也。龍。水畜也。召水氣若水畜。讙。命陰呂者陽律。況此明天明有藏隱无藏有藏

故二女

相違而剛柔合體二女俱是陰離而相違。○剛雖異而合體。此明其顯

隆[illegible]永歎[illegible]必盈

反故文散也則六親不能相保散。畫也。散近也。畫文文父

遠。十年乃字。此例是也。○比眦志反同聲相應高下不必均也初四。二五。三上。同聲相應。不必均高同氣相求體質不必齊也卑也。同氣相求。不必齊形質也召雲者龍命呂者律雲。水氣也。龍。水畜也。召水氣者水畜。此明有識感无識命陰呂。者陽律。此明无識感有識故二女相違而剛柔合體二女俱是陰類而相違剛柔雖異而合體。此明異類相應隆墀永歎遠壑必盈隆。高也。墀。水中墀也。永。長也。處高墀而長歎。遠壑之中。盈響而應。九五尊高。喻於隆墀。六二卑下。同於遠壑。唱和相應也。○墀直其反投戈散地則六親不能相保投。置也。散。迸也。置兵戈於逃散之地。雖是至親。不能相保守也。遯卦九四。好遯。君子吉。處身於外。難在於內。處外則超然遠遯。初六至親。不能相保守也。**同舟而濟則胡越何患乎異心**同在一舟而俱濟彼岸。胡越雖殊。其心皆同。若漸卦三四。異體和好。物莫能閒。順而相保。似若同在一舟。上下殊體。猶若胡越。利用禦寇。何患乎異心。**故苟識其情。不憂乖遠。苟明其趣。不煩強武**苟識同志之情。何憂胡越也。苟知逃散之趣。不勞用其威武也。**能說諸心。能研諸慮**諸物之心。憂其凶患。爻變示之。則物心皆說。諸侯之慮。在於育物。爻變告之。其慮益精。○說音悅

睽而知其類。異而知其通睽彖曰。萬物睽而其事類

圖音睽而知其類。異而知其通睽彖曰萬物睽而其事類

語物之心憂其亡患文變示之則物心語語諸侯之慮在於有物文變告之其慮益講○

何憂明故也苟知進故之應。不勞用其然先也能說諸心。能研諸慮

其情。不憂乎哉。苟明其趣。不須乎矣苟識同志之情

順而相保。似若同在一舟。上下殊體。猶若胡越。利用禦寇。何患乎異心故苟說

異心同在一舟而俱濟於岸。胡越雖殊。其心皆同。若漸封三四。異體和好。物莫能間。

遇。然違遯。而六至親。不能相保守也同好而濟。則胡越何患乎

此散之地。雖是至親。不能相保守也。遯卦九四。好遯。君子吉。處身於外。雖在於內。處外則

辨之三上之至天遇近則相取貴之二三之
感是偽情通之三上之到有應雖之變而相通
故情偽相感遠近相追之正應二五相感之列是實不正情相變
大有上大五穀獸乎文若之致如吉之列是見也之
君上福穀不獨有之十人服者感君之繫是
矣九四下情正嚇以命之象謂上初六拔萃下貞也吉
宮則西應也有情下而為卑高而取比者服
二則鳴鶴也若在陰其子和之鳴於比和於中孚之九同人
二應近也近情治言語千里遠應以中孚治善也惜比之
文共誰志同也故有善邁而遠至吉宮而西應
其也男女同也服而其進明文若乎騭如吉凶知變安危

也。男女睽而其志同也。**其唯明爻者乎**知趣舍。察安危。辯吉凶。知變化。其唯明爻者乎

故有善邇而遠至命宮而商應善脩治也。邇近也。近脩治言語。千里遠應。若中孚之九二。鳴鶴在陰。其子和之。鳴於此。和於彼。聲同則應。有若宮商也。

脩下而高者降與彼而取此者服矣處下脩正。高必命之。否之初六拔茅貞吉。九四有命疇離祉也。與謂上也。取謂下也。君上福祿。不獨有之。下人服者。感君之德。大有六五厥孚交如威如吉之例是也

是故情僞相感遠近相追正應相感是實情。蹇之二五之例。不正相感是僞情。頤之三上之例。有應雖遠而相追。睽之三上之例。无應近則相取。賁之二三之

例是也

愛惡相攻。屈伸相推。同人三四。有愛有惡。迭相攻伐。否泰二卦。一屈一伸。更相推謝。

見情者獲。直往則違。獲。得也。見彼之情。往必得志。屯之六四。求婚媾。往吉无不利之例。不揆則往。彼必相違。六三即鹿无虞。惟入于林中。君子幾不如舍往吝之例是也。

故擬議以成其變化。語成器而後有格。格作括。括。結也。動則擬議。極於變化。語成器而後无結閡之患也。

不知其所以爲主。鼓舞而天下從者。見乎其情者也。鼓舞猶變化也。易道變化。應人如響。退藏於密。不知爲主也。其爲變化。萬物莫不從之而變。是顯見其情。繫辭曰。聖人之情見乎辭。又曰。鼓之舞之以盡神。

聖人之情見乎辭。又曰。鼓之舞之以盡神
化。萬物莫不從之而變。是顯見其情繫辭曰。

其情者也
書。退藏於密。不知爲主也。其爲變
鼓舞猶變化也。易爲道變化。應人如

也不知其所以爲主。鼓舞而天下從者。見乎

變而後有格
變化。語成器而微。无詰闊以患
格作。語括括結也。動則擬議。極至

舍往吝之剝是也
林中君于發不如
故擬議以成其變化。語成

不得則往。彼必相連。六三即鹿无虞。推人于
必得志也。之六四。來婚媾往吉无不利之向

仲爰相推謂
二卦。一爲一
見情者。獲直往則違
彼之情往
獲。得也。見

也。是
例是
愛惡
相攻逆神推窮。逆相攻。彼石泰
目攻而中相推同。人三四。有安吉

是故範圍天地之化而不過曲成萬物而不遺範法也。圍周圍也。模範周圍天地變化之道而不過差。委曲成就萬物而不有遺失通乎晝夜之道而无體。一陰一陽而无窮陽通晝陰通夜。晝夜猶變化也。極神妙之道。而无體可明。一者。道也。道者。造无也。在陰之謂不以生長而為功。在陽之時。不以生長而為力。是以生長无窮。者以生長。為功。各盡其有物得之非天下之至變其孰能與於此哉非大文至極通變以无萬物則不能與於此也。○圜音員是故卦以存時

爻以示變

是故範圍天地之化而不過曲成萬物而不遺範法也。圍周圍也。模範周圍天地變化之道而不過差。委曲成就萬物而不有遺失。通乎晝夜之道而无體一陰一陽而无窮陽通晝。陰通夜。晝夜猶變化也。極神妙之道。而无體可明。一者道也。道者虛无也。在陰之時。不以生長而爲功。在陽之時。不以生長而爲力。是以生長无窮。若以生長爲功。各盡於有物之功極。豈得无窮乎非天下之至變其孰能與於此哉非六爻至極通變。以應萬物。則不能與於此也。○與音預是故卦以存時。爻以示變

明卦適變通爻

夫卦者時也。爻者適時之變者也。卦者統一時之大義。爻者適時中之通變。夫時有否泰。故用有行藏。泰時則行。否時則藏。卦有小大。故辭有險易。陰長則小。陽生則大。否卦辭險。泰卦辭易。易以䜴反一時之制。可反而用也。一時之吉。可反而凶也。一時有大畜之制。反有天衢之用。一時有豐亨之吉。反有羈旅之凶是也。羈居宜反故卦以反對。而爻亦皆變。諸卦之體。兩相反正。其爻隨卦而變。泰之初九。拔茅彙征吉。否之初六。拔茅彙貞。卦既隨時。爻變亦

征吉。否之初六。拔茅彙貞。卦既隨時。爻變亦兩相反正。其爻隨卦而變。泰之初九。拔茅彙

[illegible]否宜反之凶是也。故卦以反對。而爻亦皆變。之體。諸卦

可反而凶也。一時有大畜之制。反有天衢之用。一時有豐亨之吉。反有羈旅之

以辭故反。[illegible]一時之制可反而用也。一時之吉。

藏則卦有小大。故辭有險易。大否卦辭險。泰卦陰長則小。陽生則

中之通變。爻者適時夫時有否泰。故用有行藏。

夫卦者時也。爻者適時之變者也。卦者統一時之大義。

明卦適變通爻

準也是故用无常道，事无軌度，動靜屈伸，唯變所適。卦與推移，道用无常；爻逐時變，故事无軌度。動出靜入，屈往伸來，唯變所適也。故名其卦，則吉凶從其類；存其時，則動靜應其用。名其謙，則吉從其類；名其蹇，則凶從其類。震時則動應其用；艮時則靜應其用。尋名以觀其吉凶，舉時以觀其動靜，[illegible]乘則觀知吉凶也；只變則觀知動靜也。則一體之變由斯見矣。夫應者，同志之象也；位者，爻所處之象也。應得，則志同相救；陰位，小人所處；陽位，君子所處。承乘者，逆順之象也。

準也是故用无常道事无軌度動靜屈伸唯變所適卦既推移。道用无常。爻逐時變。故事无軌度。動出靜入。屈往伸來。唯變所適也。故名其卦則吉凶從其類存其時則動靜應其用名其謙比則吉從其類。名其蹇剝則凶從其類。震時則動應其用。艮時則靜應其用尋名以觀其吉凶舉時以觀其動靜尋謙比蹇剝則觀知吉凶也。舉艮震則觀知動靜也則一體之變由斯見矣

夫應者同志之象也位者爻所處之象也得應則志同相和。陰位。小人所處。陽位。君子所處承乘者逆順之象也

遠近者險易之象也陰承陽則順。陽承陰則逆。故小過六五乘剛。逆也。六二承陽。順也。遠難則易。近難則險。需卦九三近坎。險也。初九遠險。易矣內外者出處之象也初上者始終之象也內卦是處。外卦爲出。初爲始。上爲終是故雖遠而可以動者得其應也雖險而可以處者得其時也上下雖遠而動者。有其應也。革六二去五雖遠。陰陽相應。往者无咎也。雖險可以處者。得其時也。需上六居險之上。不憂出穴之凶。得其時也弱而不懼於敵者得所據也憂而不懼於亂者得所附也師之六五。爲師之主。體是陰柔。禽來犯田。

遠近者險易之象也陰承陽則順。陽承陰則逆。故小過六五乘剛。逆也。六二承陽。順也。遠難則易。近難則險。需卦九三近坎。險也。初九遠險。易矣。內外者出處之象也。初上者終始之象也內卦是處。外卦是出。初爲始。上爲終。是故雖遠而可以動者。得其應也。雖險而可以處者。得其時也上下雖遠而動者。有其應也。若六二去五雖遠。陰陽相應。往者无咎也。雖險可以處者。得其時也。需上六居險之上。不憂出亢之凶。得其時也。弱而不懼於敵者。得所據也。憂而不懼於亂者。得所附也師以六五爲師之主。體是陰柔。會來比四。

就言往者與得尊位，所以不懼也。遯九五嘉遯貞吉，與遯以時，小人浸長，君子道消，進遯今外附群尊，位率王，小人不敢為亂也。

柔而不憂於斷者，得所御也。雖後而敢為之先者，應其始也。體雖柔弱不憂斷制，良由柔御於陽，終得剛勝，則噬嗑六五噬乾肉得黃金，以剛物文數下，有應於四，吉。即是體後而敢為之先，則泰之初九拔茅茹以其彙征吉，以例是也。○丁亂反芽

物競而獨安靜者，要其終也。物甚爭競，己獨安靜，會其終也。大有上九自天祐之吉无不利，錯位來剛競，其豐富已獨安靜，不處位由居上極，要其終也。

故觀變動者存乎應，察安危者存乎位。文有

執言往詰。處得尊位。所以不懼也。遯九五嘉遯貞吉。處遯之時。小人浸長。君子道消。逃遯於外。附著尊位。率正小人不敢爲亂也柔而不憂於斷者得所御也。雖後而敢爲之先者。應其始也體雖柔弱。不憂斷制。良由柔御於陽。終得剛勝。則噬嗑六五噬乾肉得黃金之例。初爻處下。有應於四者即是體後而敢爲之先。則泰之初九。拔茅茹以其彙征吉之例是也。○斷丁亂反物競而獨安於靜者。要其終也物甚爭競。己獨安靜。會其終也。大有上九自天祐之吉无不利。餘並乘剛。競其豐富。己獨安靜。不處於位。由居上極。要其終也故觀變動者存乎應。察安危者存乎位爻有變動在乎應。有應而動。動則不失。若謙之九三勞謙君子有終吉之例。爻之安危在乎位。得位則安。若節之六四安節亨之例。失位則危。若晉之九四晉如鼫鼠貞厲之類是

辯逆順者存乎承乘陰乘於陽。逆也。師之六三。師或輿尸凶。陰承於陽。順也。噬嗑六三小吝无咎。承於九四。雖失其正。小吝无咎也

明出處者存乎外內遯君子處外臨君子處內

遠近終始各存其會適得其時則吉。失其要會則凶

辟險尚遠趣時貴近遯之上九肥遯无不利。此尚遠也。觀之六四觀國之光利用賓于王。此貴近也。○辟音避

比復好先乾壯惡首比初六有孚无咎。上六比之无首凶。復之初九不遠復无祇悔元吉。上六

變動在乎應。有應而動。動則不失。若謙之九
三勞謙君子有終吉之剋。文之安危在乎位。
得位則安。若靜之六四安靜貞之剋失位
則危。若晉之九四晉如鼫鼠貞厲之類是位
逆順者存乎承乘陰乘於陽。逆也。師之六三或輿尸凶。陰承陽。
九也。四雖失其正。小吝无咎。承於陽。明出處者存乎
外內遯君子處外。臨處內外遠近終始各存其會
要則會吉。則失其辭險尚遠趣時貴近
用尚遠于也。凶其辭比復好先
比六貴近也。凶四先比之王。
壯惡首復比之初六有孚无咎。上六比之无首凶。

天下滅君主而不可危也言殺滅君主。違咎事之大者。震動字
其陳。夏由雖物。則有它吝。此所通違時出之時陽變陰位爲美。九四陽變陰位。能降動
己凶其宜也。大過九四棟隆吉有它吝。大過有應。其時方陽長。同決小人。三獨難之。泥時之
不在大夫。其所適。適不在深于頑有凶。得位若女之九三并
靜有適。不可過也可過故而動動靜適時。不犯時之忌罪
是也宜日中吉凶有時。不可犯也可故分壓犯時有吉凶。不動
反志明美務闇。豐尚光大其明也。豐云勿憂明夷彖云。利艱貞
藩不能退不能遂无攸利之剛是也○(田)迷復凶。究上九亢龍有悔。大壯上六羝羊觸

迷復凶。乾上九亢龍有悔。大壯上六羝羊觸藩不能退不能遂无攸利之例是也○比毗志反

明夷務闇。豐尚光大明夷彖云。利艱貞。晦其明也。豐彖云。勿憂宜日中是也

吉凶有時。不可犯也時有吉凶。不可越分輕犯

動靜有適。不可過也動靜適時。不可過越而動

犯時之忌。罪不在大。失其所適。過不在深若夬之九三壯于頄有凶。得位有應。時方陽長。同決小人。三獨應之。犯時之忌。凶其宜也。大過九四棟隆吉有它吝。大過之時。陽處陰位爲美。九四陽處陰位。能隆其棟。良由應初則有它吝。此所適違時也

動天下。滅君主。而不可危也事之大者。震動宇宙。弑滅君主。違於

臣道。不可傾危。若離之九四突如其來如焚如死如棄如之例是也悔妻子用顏色而不可易也事之小者。悔慢妻子。用顏色。若家人尚嚴。不可慢易家人九三家人嗃嗃。悔厲吉婦子嘻嘻終吝是也故當其列貴賤之時。其位不可犯也位有貴賤。爻有尊卑。職分既定。不可觸犯遇其憂悔吝之時。其介不可慢也吉凶之始彰也。存乎微。兆悔吝。纖介雖細。不可慢易而不慎也觀爻思變變斯盡矣

明象

夫象者出意者也。言者明象者也立象所以表出其意

巳道不可傾危若離之九四突如其來如焚如死如棄如之則是悔其用

頤也而不可易也若家人尚嚴不可慢易事之小者悔慢其于用

家人九三家人嗃嗃悔厲吉婦子嘻嘻終吝是也故當其列貴賤之

時其位不可犯也位有貴賤爻有尊卑爵分既定不可踰越遇其

憂悔吝之時其介不可慢也存乎微兆害咎吉凶以始彰也

纖介雖細不可慢易而不慎也觀爻思變變斯盡矣

明象

夫象者出意者也言者明象者也立象所以表出其意

[illegible]

（龍象盡）言生於象，故可尋言以觀象；[illegible]

（龍象）象生於意，故可尋象以觀意；[illegible]

意以象盡，象以言著。[illegible]

言者所以明象，得象而忘言；象者所以存意，得意而忘象。[illegible]

得意而忘象。[illegible]

以在兔，得兔而忘蹄。[illegible]

作其言者，顯明其象。若乾能變化。龍是變物。欲明乾象。假龍以明乾。欲明龍者。假言以象龍。龍則象之意也。

盡意莫若象。盡象莫若言。象以表意。言以盡象。言生於象。故可尋言以觀象。若言能生龍。尋言可以觀龍。象生於意。故可尋象以觀意。乾能明意。尋乾以觀其意。意以象盡。象以言著。意之盡也。象以盡之。象之著也。言以著之。故言者所以明象。得象而忘言。象者所以存意。得意而忘象。既得龍象。其言可忘。既得乾意。其龍可捨。猶蹄者所以在兔。得兔而忘蹄。蹄以喻言。兔以喻象。存蹄得兔。得兔忘蹄。筌

者所以在魚得魚而忘筌也求魚在筌得魚弃筌○筌七全反

然則言者象之蹄也象者意之筌也蹄以喻言筌以比象是故存言者非得象者也存象者非得意者也未得象者存言言則非象未得意者存象象則非意象生於意而存象焉則所存者乃非其象也所存者在意也言生於象而存言焉則所存者乃非其言也所存者在象也然則忘象者乃得意者也忘言者乃得象者也忘象得意忘言得象得意在忘象得象在忘言

者所以在魚，得魚而忘筌也。然則，言者象之蹄也；象者意之筌也。是故存言者非得象者也；存象者非得意者也。象生於意而存象焉，則所存者乃非其象也；言生於象而存言焉，則所存者乃非其言也。然則忘象者乃得意者也，忘言者乃得象者也。得意在忘象，得象在忘言。

棄執而後得之 故立象以盡意而象可忘也重畫以盡情而畫可忘也 盡意可遺象盡情可遺畫若盡和同之意忘其天火之象得同志之心拔茅之畫盡可棄也○重直龍反 是故觸類可為其象合義可為其徵 徵驗也觸逢事類則為象為龍牛馬鹿如鼠以類大人君子義同為驗也 義苟在健何必馬乎類苟在順何必牛乎 大壯九三有乾亦云羝羊坤卦无乾彖亦云牝馬 爻苟合順何必坤乃為牛義苟應健何必乾乃為馬 遯无坤六二亦稱牛明夷无乾六二亦稱馬○應音鷹 而或者定馬於乾

棄執而後得之。故立象以盡意。而象可忘也。重畫以盡情。而畫可忘也。盡意可遺象。盡情可遺畫。若盡和同之意。忘其天火之象。得同志之心。拔茅之畫。盡可棄也。○重直龍反是故觸類可為其象。合義可為其徵。徵。驗也。觸逢事類則為象。魚龍牛馬鹿狐鼠之類。大人君子。義同為驗也義苟在健。何必馬乎。類苟在順。何必牛乎大壯九三有乾。亦云羝羊。坤卦无乾。彖亦云牝馬爻苟合順。何必坤乃為牛。義苟應健。何必乾乃為馬遯无坤。六二亦稱牛。明夷无乾。六二亦稱馬。○應音鷹而或者定馬於乾唯執乾爲馬。其象未弘也案文責卦。有馬无乾。則僞說滋漫。難可紀矣。互體不足。遂及卦變。變又不足。推致五行廣推金木水火土爲象也○漫末半反一失其原。巧愈彌甚一失聖人之原旨。廣爲譬喻。失之甚縱復或值。而義无所取。蓋存象忘意之由也失魚兔則空守筌蹄遺健順則空說龍馬忘象以求其意。義斯見矣

辯位

案象无初上得位失位之文陰陽居之。不云得失又繫

唯執乾爲馬其象未弘也案文責卦有馬无乾則僞說滋漫難可紀矣互體不足遂及卦變變又不足推致五行廣推金木水火土爲象也○變未半反一失其原巧愈彌甚一失聖人之原旨廣象譬喻失之其縱復或值而義无所取蓋存象忘意之由也夫爲象則空守荃歸遺健順則空說忘象以求其意義斯見矣

辯位

案象无初上得位失位之文陰陽居之不云得失又繫

辭但論三五二四同功異位亦不及初上何乎（問其意也）唯乾上九文言云貴而无位需上六云雖不當位（陽居上也）若以上為陰位邪則需上六不得云不當位也（陰居上也）若以上為陽位邪則乾上九不得云貴而无位也陰陽處之皆云非位而初亦不說當位失位也（不論當位失位吉凶之由）然則初上者是事之終始無陰陽定位也（初為始。上為終。者以人為終始非在位之事主）故乾初謂之潛辭但論三五二四同功異位亦不及初上何乎（問其意也）唯乾上九文言云貴而无位（陽居之也）需上六云雖不當位（陰居之也）若以上爲陰位邪則需上六不得云不當位也若以上爲陽位邪則乾上九不得云貴而无位也陰陽處之皆云非位而初亦不說當位失位也（不論當位失位凶吉之由）然則初上者是事之終始无陰陽定位也（初爲始上爲終施之於人爲終始非祿位之地也）故乾初謂之潛過

五謂之无位。未有處其位。而云潛上有位而云无者也。歷觀衆卦。盡亦如之。初上无陰陽定位。亦以明矣。夫位者。列貴賤之地。待才用之宅也。宅。居也。二四陰賤。小人居之。三五陽貴。君子居之。爻者。守位分之任。應貴賤之序者也。各守其位。應之以序。○分扶問反。位有尊卑。爻有陰陽。尊者陽之所處。卑者陰之所履也。故以尊爲陽位。卑爲陰位。去初上而論位分。則三五各在一卦之上。亦何得不

五謂之无位。未有處其位而云潛。上有位而
云无者也。歷觀衆卦。盡亦如之。初上无陰陽
定位。亦以明矣。夫位者。列貴賤之地。待才用
之宅也。宅，居也。二四陰賤。小人居之。三五陽貴。君子居之。爻者守位
分之任。應貴賤之序者也。各守其位。應之以序。○分，扶問反。
位有尊卑。爻有陰陽。尊者陽之所處。卑者陰
之所履也。故以尊爲陽位。卑爲陰位。去初上
而論位分。則三五各在一卦之上。亦何得不

謂之陽位。二四各在一卦之下。亦何得不謂之陰位。初上者。體之終始。事之先後也。故位无常分。事无常所。非可以陰陽定也。尊卑有常序。終始无常主。四爻有尊卑之序。終始无陰陽之常主也。○去羌呂反故繫辭但論四爻功位之通例。而不及初上之定位也。然事不可无終始。卦不可无六爻。初上雖无陰陽本位。是終始之地也。統而論之。爻之所處則謂之位。卦以六爻為成。則謂之陽位。二四各在一卦之下。亦何得不謂之陰位。初上者。體之終始事之先後也。故位无常分事无常所。非可以陰陽定也。尊卑有常序。終始无常主。四爻有尊卑之序。終始无陰陽之常主也。○去羌呂反故繫辭但論四爻功位之通例。而不及初上之定位也。然事不可无終始。卦不可无六爻。初上雖无陰陽本位。是終始之地也。統而論之。爻之所處則謂之位。卦以六爻爲成則

不得不謂之六位時成也

略例下

凡體具四德者。則轉以勝者爲先。故曰元亨利貞也。元爲生物之始。春也。亨爲會聚於物。夏也。利爲和諧品物。秋也。貞能幹濟於物。冬也。乾用此四德。以成君子大人之法也。其有先貞而後亨者。亨由於貞也。離卦云。利貞亨。

凡陰陽者。相求之物也。近而不相得者。志各有所存也。比之六三。處二四之間。四自外比。二爲五貞。所與比者。皆非已親。是有所存者也。故凡陰陽二爻。

不得不謂之六位時成也

略例下

凡體具四德者則轉以勝者為先故曰元亨利貞也元為主善之發。春也。亨為會聚於嘉。夏也。利為和諧品物。秋也。貞能幹濟於物。冬也。乾用此四德。以成君子大人以法也。其有先貞而後亨者。亨由於貞也剝卦云。離貞卦之凡陰陽者。相求之物也。近而不相得者。志各有所存也五以六三。應二四以間。四自外比。二為五貞。所與比者。者非己類。是有所存者也。故凡陰陽二爻。

率相比而无應則近而不相得（隨之六三。係丈夫。九四隨有獲。是无應而相得之例也○率音類。又音律。又所律反。比毗志反）有應則雖遠而相得（既濟六二。有應於五。與初三相近。謂不相得之例）然時有險易卦有小大（否險泰易。遯小臨大）同救以相親同辟以相疏（睽之初九九四。陰陽非應。與是親疏。同處體下。交爭相救。而得悔亡。是同救相親。困之初六。有應於四。濟身盡合。九四有應之初。來徐徐。志意懷疑。同遭金車。困相也疏速）故或有違斯例者也然存時以考之義可得也（或有情僞生違出例者。存其時若其變。莫不得以）凡彖者統論率相比而无應。則近而不相得。隨之六三。係丈夫。九四隨有獲。是无應而相得之例也○(率)音類。又音律。又所律反(比)毗志反有應則雖遠而相得。既濟六二。有應於五。與初三相近。情不相得之例然時有險易。卦有小大。否險泰易。遯小臨大。同救以相親。同辟以相疏。睽之初九九四。陰陽非應。俱是睽孤。同處體下。交孚相救。而得悔亡。是同救相親。困之初六。有應於四。潛身幽谷。九四有應於初。來徐徐。志意懷疑。同避金車。兩相疏遠也故或有違斯例者也。然存時以考之。義可得也。或有情僞生。違此例者。存其時。考其驗。莫不得之凡彖者。統論一卦之體者也。象者。各辯一爻之義者也彖統論卦體。象各明一爻之義故履卦六三爲兑之主。以應於乾。成卦之體。在斯一爻。故彖敘其應。雖危而亨也彖云。柔履剛。説而應乎乾。是以履虎尾。不咥人亨也象則各言六爻之義。明其吉凶之行。去六三成卦之體而指説一爻之德。故危不獲亨而見咥也六三履虎尾咥人凶。彖言不咥。象言見咥。明爻彖其義各異也。○行下孟反㊀去羌呂反㊀咥直結反訟之九二。亦同斯義訟彖云。有孚窒惕中吉。剛來而得中。注云。

又訟之九二。亦同斯義。訟彖云。有孚窒惕中吉。剛來而得中。注云。

履虎尾咥人凶。彖言不咥。象言見咥。明文其義各異也。○行下孟反。處昌呂反。咥直結反。

而指說一爻之德。故於不復事而見咥也。三六

六爻之義。明其吉凶之行。去六三成卦之體。

而事也。彖云。柔履剛也。說而應乎乾。是以履虎尾。不咥人。亨也。象則各言

於乾成卦之體。在斯一爻。故彖敘其應。雖危

彖統論一卦體。象各明一爻之義。故履卦六三為說之主。以應

論一卦之體者也。象者各辯一爻之義者也。

其唯二乎。以剛而來，正夫群小。斷不失中。應斯任矣。九二不克訟，歸而逋其邑人三百戶，无眚也。

凡彖者通論一卦之體者也。一卦之體，必由一爻為主，則指明一爻之美以統一卦之義，䷍大有之類是也。卦體不由乎一爻，則全以二體之義明之，䷶豐卦之類是也。

凡言无咎者本皆有咎者也。防得其道故得无咎也。乾之九三，君子終日乾乾，无咎。若防失其道，則有過咎也。吉无咎者本亦有咎，由吉故得免也。師貞丈人吉无咎。注云：興役動

其在二乎。以剛而來。正夫羣小。斷不失中。應斯任矣。九二不克訟。歸而逋其邑人三百戶无眚也

凡彖者。通論一卦之體者也。一卦之體。必由一爻爲主。則指明一爻之美以統一卦之義。䷍大有之類是也。卦體不由乎一爻。則全以二體之義明之。䷶豐卦之類是也。

凡言无咎者。本皆有咎者也。防得其道。故得无咎也。乾之九三。君子終日乾乾。无咎。若防失其道。則有過咎也。吉无咎者。本亦有咎。由吉故得免也。師貞丈人吉无咎。注云。興役動

衆。无功。罪也。故吉乃免咎。无咎吉者。先免於咎。而後吉從之也。比初六。有孚比之无咎。終來有它吉之例也。或亦處得其時。吉不待功。不犯於咎。則獲吉也。需之九二。需于沙。小有言。終吉。注云。近不逼難。遠不後時。履健居中。以待其會。雖小有言。以吉終也。或有罪自己招。无所怨咎。亦曰无咎。故節六三曰。不節若則嗟若。无咎。象曰。不節之嗟。又誰咎也。比之謂矣象。无也。罪也。然吉乃免咎。无咎吉者。先免咎咎。后後吉從之也。比。初六。有孚比之。无 終來有它吉之至也 或亦處得其時。吉不待功。不犯於咎。則獲吉也。需之九二。需 終吉。注云。近不逼難。遠不後時。履健居中。以待其會。雖小有言。以吉終也。自己招无所怨咎。亦曰无咎。故節六三曰。不節若則嗟。无咎。象曰。不節之嗟。又誰咎也。此之謂矣

卦略○一卦凡十

䷂屯。此一卦，皆陰爻求陽也。屯難之世，弱者不能自濟，必依於彊，民思其主之時也。故陰爻皆先求陽，不召自往；馬雖班如，而猶不廢；不得其主，无所馮也。初體陽爻，處首居下，應民所求，合其所望，故大得民也。江海處下，百川歸之。

（難）乃旦反。（[illegible]）[illegible]水反。君能下物，萬民歸之。

䷃蒙。此一卦，陰爻亦先求陽。夫陰昧而陽明，陰困童蒙，陽能發之。凡不識者求問識者。

䷂屯此一卦皆陰爻求陽也屯難之世弱者不能自濟必依於彊民思其主之時也故陰爻皆先求陽不召自往馬雖班如而猶不廢不得其主无所馮也初體陽爻處首居下應民所求合其所望故大得民也江海處下百川歸之君能下物萬民歸之○難乃旦反馮皮冰反

䷃蒙此一卦陰爻亦先求陽夫陰昧而陽明陰困童蒙陽能發之凡不識者求問識者

識者不求所告。闇者求明。明者不諮於闇。故
童蒙求我。匪我求童蒙也。故六三先唱。則犯
於爲女。四遠於陽。則困蒙吝。初比於陽。則發
蒙也。○遠袁願反

履雜卦曰。履不處也。又曰。履者禮也。謙
以制禮。陽處陰位。謙也。故此一卦。皆以陽處
陰爲美也九五夬履貞厲。履道惡盈。而五處尊位。三居陽位。則見咥也

臨此剛長之卦也。剛勝則柔危矣。柔有

識者不求所告。闇者求明。明者不諮於闇。故

童蒙求我。匪我求童蒙也。故六三先唱。則犯

於爲女。四遠於陽。則困蒙吝。初比於陽。則發

蒙也。睽反 〇履

䷉履。雜卦曰。履不處也。又曰。履者禮也。謙

以制禮。陽處陰位。謙也。故此一卦。皆以陽處

陰爲美也。九五文處貞厲。處道謙盈。居五 處尊位。三居陽位。則見咥也

䷒臨。此剛長之卦也。剛勝則柔危矣。柔有

其德乃得免咎。故此卦陰爻雖美。莫過无咎也。○[illegible]丁文反

䷓觀之為義。以所見為美者也。故以近尊為尚。遠之為吝。○[觀]古亂反。爲重觀。近爲觀

䷛大過者。棟橈之世也。本末皆弱。棟已橈矣。而守其常。則是危而弗扶。凶之道也。以陽居陰。拯弱之義也。故陽爻皆以居陰位為美。濟衰救危。唯在同好。則所贍褊矣。九四有應

其德乃得免咎故此一卦陰爻雖美莫過无咎也。○長丁丈反

䷓觀之爲義以所見爲美者也故以近尊爲尚遠之爲吝遠爲童觀近爲觀國○觀古亂反

䷛大過者棟橈之世也本末皆弱棟已橈矣而守其常則是危而弗扶凶之道也以陽居陰拯弱之義也故陽爻皆以居陰位爲美濟衰救危唯在同好則所贍褊矣九四有應

則有咎凶二无應則无不利也大過以時陽處陰位

心无係遯爲吉反陽得位有應則四也○遯乃非反[illegible]當盡反

䷠遯小人浸長難在於內亨在於外與臨

卦相對者也臨剛長則柔危遯柔長故剛遯

也遯以遠時爲吉不係爲美上則肥遯初則有厲

䷡大壯未有違謙越禮能全其壯者也故

陽爻皆以處陰位爲美用壯處謙壯乃全也

用壯處壯則觸藩矣

䷣明夷為闇之主，在於上六。初最遠之，故曰君子于行。五最近之，而難不能溺，故謂之箕子之貞，明不可息也。三處明極而征至闇，故曰南狩獲其大首也。○遠辯邇明，明夷之義。（音）狩，手又反。（難）乃旦反。

䷥睽者睽而通也。於兩卦之極觀之，義最見矣。極睽而合，極異而通，故先見怪焉，洽乃疑亡也。火動而上，澤動而下，睽義見矣。○最（音）見，賢遍反。

䷣明夷爲闇之主在於上六。初最遠之。故曰君子于行。五最近之而難不能溺。故謂之箕子之貞。明不可息也。三處明極而征至闇。故曰南狩獲其大首也。遠難藏明。明夷之義○遠于萬反難乃旦反

䷥睽者睽而通也。於兩卦之極觀之。義最見矣。極睽而合。極異而通。故先見怪焉。洽乃疑亡也。火動而上。澤動而下。睽義見矣。○最見賢遍反

䷶豐此一卦明以動之卦也尚於光顯宣揚發暢者也故爻皆以居陽位又不應陰為美其統在於惡闇而已矣小闇謂之沛大闇謂之蔀闇甚則明盡未盡則明昧明盡則斗星見明微故見昧无明則无與乎世見昧則不可以大事折其右肱雖左肱在豈足用乎日中之盛而見昧而已豈足任乎豐之為義貴在光大惡於闇昧也○（惡）烏路反（沛）步貝反又普貝反（蔀）步口反（與）如字又音預

䷶豐。此一卦，明以動之卦也。尚於光顯，宣揚發暢者也。故爻皆以居陽位，又不應陰爲美。其統在於惡闇而已矣。小闇謂之沛，大闇謂之蔀。闇甚則明盡，未盡則明昧。明盡則斗星見，明微故見沬。无明則无與乎世，見沬則不可以大事。折其右肱，雖左肱在，豈足用乎？日中之盛，而見沬而已，豈足任乎？豐之爲義，貴在光大。又普貝反【蔀】步口反【要】如字，又音[illegible]惡於闇昧也。○【惡】烏路反【沬】亡貝反

周易卷第十

相臺岳氏刻梓荊谿家塾

周易卷第十

相臺岳氏刻梓荊谿家塾

責任編輯　　李縉雲　李子裔
責任印製　　張道奇

圖書在版編目（CIP）數據

影刻元相臺岳氏荆谿家塾本周易 /（晉）王弼 注.
--北京 ： 文物出版社，2018.8

ISBN 978-7-5010-5620-0

Ⅰ.①影… Ⅱ.①王… Ⅲ.①《周易》-注釋 Ⅳ.
①B221.2

中國版本圖書館 CIP 數據核字(2018)第 137081 號

影刻元相臺岳氏荆谿家塾本周易（一函三册）

［晉］王弼 注

出版
發行　文物出版社
地址　北京東直門内北小街二號樓
郵編　一〇〇〇〇七
網址　http://www.wenwu.com
郵箱　E-mail:web @ wenwu.com
雕版
刻印　揚州藝古齋
開本　六開
版次　二〇一八年八月第一版
　　　二〇一八年八月第一次印刷
書號　ISBN 978-7-5010-5620-0
硃印本　三百部　第　部
定價　叁仟貳佰圓整